날마다 행복한

# 우리집

## 365

홍장빈 · 박현숙 지음

규장

사랑의 수고와 소망의 인내로 가정을 세워가는

_____ 님의 마음과 손길이 닿는 모든 곳에

하나님의 사랑과 은혜가 늘 충만하기를 기도하며


_____ 드림

# 복된 가정을 위한 기도

하나님 아버지, 우리 가정의 주인이신 주님을 찬양합니다.

가족 모두 예수님을 구원자로 고백하고

하나님을 우리 가정의 주인으로 선포하며

주님을 예배하는 따뜻한 집을 그립니다.

성령님, 가족의 마음에 진리의 말씀을 새겨주소서.

새 마음을 주소서. 성령으로 거듭나게 해주소서.

하나님은 우리 가정에 복 주시기 원하며

우리 가족을 지키시기 원합니다.

구원의 복을 온 세상에 흘려보내는 통로로

우리 가정을 사용하실 주님을 찬양합니다.

예수님 이름으로 기도합니다. 아멘.

〈기도는 죽지 않는다〉

하나님의 뜻을 따라 행복한 가정을 이루는 것은 우리 모두의 소원입니다.《날마다 행복한 우리집 365》는 그 소원이 실제가 되도록 돕는 캘린더북입니다. 임신·출산과 자녀 양육, 부부 대화와 가족을 위한 기도 등 가정생활에 꼭 필요한 내용과 누구나 적용할 수 있는 실천 항목으로 구성했습니다.

신혼부터 노년까지 인생의 어느 단계에 있든지 행복한 가정을 이룰 수 있습니다. 그동안 포기하지 않았던 가정을 향한 소망의 그림이 이루어지도록 돕고 싶습니다. 그래서 이 캘린더북의 내용으로 우리 부부가 매일 유튜브 방송합니다. 저희 삶이 녹아있는 본문의 배경을 저자로서 직접 소개하고, 쉽고 즐겁게 적용하도록 격려하며 응원하는 방송을 아침마다 유튜브 채널 '좋은가정TV'에 업로드합니다.

《날마다 행복한 우리집 365》를 가까이 두고 매일 한 페이지를 읽으면서 그날 자신과 가정에 주시는 작은 미션을 하나씩 실천할때, 하나님의 뜻 안에서 행복한 가정이 되어가는 기쁨을 누리게 될 것입니다. 가정을 세우고 지키는 모든 분을 사랑하고 축복합니다.

좋은가정 길라잡이
홍장빈·박현숙

# 성령으로 기도하라

성령은 하나님의 영이기 때문에 하나님의 뜻을 가장 잘 아신다.
그래서 성령으로 기도하면 하나님의 뜻을 따라
기도하는 것이다.
성령은 기도하는 분이면서 농시에 기도를 인도하는 분이다.
성령은 우리의 연약함을 도우신다.
기도할 바를 알지 못할 때도 말할 수 없는 탄식으로
우리를 위해 친히 간구하신다.
우리 마음을 살피면서 하나님의 뜻대로 우리를 대신하여
구하신다.
우리 가정이 날마다 행복한 가정이 되도록 성령께서 함께
기도하신다.

〈기도는 죽지 않는다〉

오늘의 묵상

마음을 살피시는 이가 성령의 생각을 아시나니 이는 성령이
하나님의 뜻대로 성도를 위하여 간구하심이니라 롬 8:27

날마다 행복한
## 우리집
365

# 1

JANUARY

2

# 소망의 그림이
# 실상이 되다

나는 서둘러 옥수수를 삶았다.
옥수수 냄새를 맡으면 모두 고향 집에 온 것 같으리라.
"와~ 이게 무슨 냄새야! 엄마 냄새 맞지?"
시골집에서 옥수수를 삶아주시던 엄마를 그리워하며
동생이 말했다.
몇 해 전에 돌아가신 친정엄마처럼 나는 두 팔을 벌려 동생을
안아주었다. 그 사이 30여 명의 가족이 다 모였다.
"자! 이제 예배를 시작하자."
큰오빠가 말하자 모두 모였다.
손을 잡고 눈을 보며 축복송을 부르다가 서로 안아주었다.

〈기도는 죽지 않는다〉

오늘의 확신

**기도는 응답된다.**

5

# 자녀! 잘 키울 수 있다

자녀를 잘 키우고 싶은데 왜 안될까?

크고 넓은 길을 선택하기 때문이다.

세속적 가치와 방법을 따르면 당연히 힘들다.

삶의 방향을 알려주는 모든 지혜는 성경에 있다.

자녀양육도 마찬가지다.

좁은 문으로 들어가야 한다.

이것이 전략이다.


멸망으로 인도하는 문은 크고 그 길이 넓어

그리로 들어가는 자가 많고 생명으로 인도하는 문은

좁고 길이 협착하여 찾는 자가 적음이라 마 7:13,14

〈하나님 아이로 키워라〉

● 오늘의 선포

**"우리 가족은 좁은 문으로 들어갑니다.**
**생명의 길로 걸어갑니다."**

# 소망의 그림

나는 가정예배와 선교사 파송에 대한 소망의 그림이
이뤄지는 것을 보고 한 번 더 새로운 소망을 그렸다.
사랑과 은혜가 넘치는 대가족의 모임이었다.
'여름휴가 중에 하루라도 함께 보내면 얼마나 좋을까?'
이것도 이루어졌다.
매년 8월에는 가족들이 함께 모여서 1박 2일을 보낸다.
먼저 예배를 드리고 맛있는 음식을 먹고 함께 어울려 논다.
기도제목을 나누고 다 같이 기도한다.
소망의 그림 기도의 응답이다.

〈기도는 죽지 않는다〉

오늘의 기도

**가족을 위한
소망의 그림을 그리고
기도를 시작하세요.**

# 답은 문에 있다

자녀와 싸우고 갈등하면서 잠 못 이루는 부모가 많다.
방학이 두렵다는 학부모도 있다.
반대로 자녀양육은 쉽고 즐겁고 행복하다는 사람도 있다.
자녀의 성장 과정을 즐거워하며
늘 아이 곁에 있으려는 엄마도 있다.
자녀의 미래를 걱정하지 않고 편히 자는 부모도 분명히 있다.
이처럼 다른 유형의 부모가 생기는 이유는 뭘까?
그 답은 바로 '문'에 있다.

〈하나님 아이로 키워라〉

● 오늘의 음성
'사랑하는 딸아, 좁은 문으로 들어가라!'

# 이어지는 소망의 그림

내가 오랫동안 기도한

가정예배를 드리는 소망의 그림이 실상이 되었다.

나는 기도의 힘을 이어서 다음 단계의 그림을 그렸다.

우리 가족 중 누군가 선교지에 갈 때

온 가족의 축복 속에서 떠나는 장면을 그렸다.

이 '소망의 그림'도 결국 이루어졌다.

가족 중에서 1년간 단기 선교사로 떠날 때

모두 축복하고 환송하는 시간을 가졌다.

대가족이 모두 모여서 기도하고 파송했다.

소망의 그림을 그리면 끝까지 기도하게 된다.

〈기도는 죽지 않는다〉

오늘의 말씀

그를 향하여 우리가 가진 바 담대함이 이것이니 그의 뜻대로 무엇을
구하면 들으심이라 우리가 무엇이든지 구하는 바를 들으시는 줄을 안
즉 우리가 그에게 구한 그것을 얻은 줄을 또한 아느니라 요일 5:14,15

# 참 잘했어요!

좁은 문을 선택하는 사람은
그 결정을 쉽게 하지 못한다.
오래 고민한다.
생명 길을 확신할 때 비로소 그 문에 들어간다.
이해받지 못해도 계속 가면
길가에 핀 꽃이 보이고 나무 열매도 맛본다.
목이 마르면 샘물을 마시고 다시 걷는다.
되돌아가지 않는다.
조금만 가다 보면,
참 잘했다는 것을 알게 될 것이다.

〈하나님 아이로 키워라〉

■ 오늘의 격려
**자기 자신 토닥이기 "나는 잘하고 있어."**

# 소망의 그림으로
# 기도하는 법

1. 가족이 구원받은 후의 모습이나 관계가 회복되어서
   좋은 가정이 된 모습을 상상한다.

2. 그 상상의 모습을 그림으로 그려본다.
   마음속으로 그려도 되고, 실제로 종이에 그려도 된다.

3. 그 모습이 실상이 되도록 정기적인 기도시간을 정한다.

4. 적당한 기도 알리미를 정하고, 그것이 보일 때마다
   1분 기도한다.

〈기도는 죽지 않는다〉

오늘의 말씀

우리가 선을 행하되 낙심하지 말지니
포기하지 아니하면 때가 이르매 거두리라 갈 6:9

# 평안하고 행복한 가족이 될 수 있다

우리 부부는 좁은 문을 선택했다. 그래서 행복했다.

자녀양육 태도와 교육 방법을 우리가 선택했다.

자녀를 보는 관점과 양육 목표도 우리가 정했다.

우리 아이들을 하나님이 주신 선물,

상급, 군사로 보고 성경대로 양육하고 기도했다.

천하 만민에게 복이 되는 자녀를 목표로 양육했다.

세상 이론과 가치가 아닌 성경의 진리를 따르기로 선택하고

그 문에 들어갔더니 우리 가족은 평안하고 행복했다.

〈하나님 아이로 키워라〉

■ 오늘의 살림

**우리 가족이 행복한 이유 찾기**

# 빛으로 산다

빛으로 산다는 것은 선하게 산다는 뜻이다(마 5:14-16).

기도하는 그리스도인이 바르게 살면 역사하는 힘이 있다.

세상 사람에게 빛이 비추이면 어둠이 물러간다.

예수 그리스도의 빛이 우리를 통해 비추이면

그들을 가두고 있는 거짓의 벽에 금이 가고,

불신의 벽이 흔들린다.

결국 진리를 찾아 벽을 깨고 나온다.

그래서 그리스도인은 기도하면서 동시에 선하게 살아야 한다.

성탄절과 연말에는 기도와 함께 선한 일에 힘쓰자.

〈기도는 죽지 않는다〉

오늘의 할 일

**성탄절에 선한 일을 한다.**

# 하나님이 도우신다

하나님을 신뢰하면서 성경의 진리와 원칙을 지키면
자녀를 잘 키울 수 있다.
여호와를 경외하는 엄마에게는 특별한 힘이 있다.
나는 엄마여서 행복했다.
내가 키우는 자녀는 내가 받은 선물이고 상이기 때문이다.
아이들을 키우면서 나는 하나님을 더 알게 되었다.
우리 가정은 나에게도 하나님을 배우는 학교였다.
아이들을 키우면서 기도를 배웠다.
아이들을 세상에 빼앗기지 않도록 기도했고,
세상을 이기도록 간절히 기도했다.

〈하나님 아이로 키워라〉

● 오늘의 묵상

**여호와를 경외하는 자 누구냐 그가 택할 길을 그에게 가르치시리로다**
**그의 영혼은 평안히 살고 그의 자손은 땅을 상속하리로다**

시 25:12,13

# 쉬지 말고 기도하라

중보기도 강의를 하면서 가족 기도를 멈춘 사람을 만났다.

응답이 없어서 낙심한 사람도 있고,

오히려 믿음이 떨어졌다는 사람도 있었다.

이제는 지쳤다고 말하는 사람이 가장 많았다.

상한 마음을 추스르고 성령을 의지해서 다시 시작하면 된다.

그동안 쌓아놓은 기도 위에

새롭게 시작한 기도가 다시 쌓인다.

성경은 쉬지 말고 기도하라고 강조한다.

이는 중간에 포기하지 말고 끝까지 기도하라는 뜻이다.

응답을 보는 그날이 기도를 끝내는 날이다.

〈기도는 죽지 않는다〉

오늘의 묵상

**쉬지 말고 기도하라** 살전 5:17

# 하나님은 우리 아이들을 사랑하신다

부모가 사랑하는 것보다 더 사랑하신다.

그분의 자녀이기 때문이다.

하나님은 아이들을 부모에게 선물로 주셨다.

하나님의 뜻과 계획을 안고 우리에게 왔다.

그래서 그분의 아이로 우리 자녀를 양육해야 한다.

그 방법은 하나님이 우리 자녀에 대해

가장 잘 아신다는 믿음이 있을 때 찾을 수 있다.

하나님은 반드시 최선의 길을 보여주신다.

〈하나님 아이로 키워라〉

● 오늘의 축복

"엄마 아빠가 너를 사랑해. 그런데 하나님은 엄마 아빠보다
더 크게 더 깊게 더 많이 너를 사랑하신단다."

# 기도를 공부했다

결혼한 이후에도 가족을 위한 기도는 계속했다.

오히려 더 간절히 기도했다.

하나님이 응답하신다는 믿음도 있었고, 기도로 가족을 섬기는

영적 제사장의 삶을 산다는 확신도 있었다.

그러나 명절에 집에만 다녀오면 마음이 무너졌다.

내 마음이 흔들렸다.

응답의 날까지 기도하려면 새로운 힘이 필요했다.

성경을 읽으면서 기도를 공부했다. 어린아이처럼 새롭게 배웠다.

그때 배운 기도의 원리가 결국 응답을 보게 했다.

〈기도는 죽지 않는다〉

오늘의 공부

**기도에 관한 책 읽기**

# 자녀를 잘 키우는
# 쉬운 방법

나는 시편 127편의 원칙을 따라 아이들을 키웠다.

처음에는 각 절의 내용이 어떤 연관성을 갖는지 이해하지 못했다.

다만 자식들은 여호와의 기업(선물)이고

상급이라는 구절이 좋아서 암송했다.

나에게 힘이 되는 말씀이었고, 나를 돌아보는 기준이었다.

3절에서 5절까지의 본문으로 자녀양육 강의도 자주 했다.

그러다가 전체 내용을 차츰 이해하게 되었다.

시편 127편은 자녀양육에 관한 하나님의 놀라운 말씀이다.

〈하나님 아이로 키워라〉

■ 오늘의 읽기
**시편 127편을 큰소리로 여러 번 읽기**

# 부모님께 드릴 선물

대한민국의 격변기를 살아오신 부모님들에게는
그들만의 이야기가 넘쳐난다.
그 이야기를 자녀들이 알아야 한다.
결혼 50주년이나 칠순 혹은 팔순을 기념해서
부모님의 삶을 돌아보는 회고록을 출간하자.
부모님이 직접 자서전을 써도 되고,
자녀들이 인터뷰 형식으로 글을 정리해도 된다.
출간을 도와주는 분을 찾아보자.
요즘은 저렴한 비용으로도 책을 낼 수 있다.
생일이나 기념일 잔치보다 훨씬 감동적인 선물이 될 것이다.

〈끝까지 잘 사는 부부〉

오늘의 할 일
**부모님의 일생을 듣는 인터뷰하기**

# 시편 127편을 따르는
# 행복한 엄마

엄마는 일찍 일어나고 늦게 누우면서 수고한다.

그러나 하나님이 지켜주지 않으시면 모두 헛된 일이다.

우리 아이들에게 어려운 일이 반복되는데도

평안히 잠을 잤던 날이 떠올랐다.

하나님을 향한 신뢰가 나를 잠들게 했고,

이튿날 웃는 얼굴로 아침을 준비할 수 있었다.

시편 127편이 나를 행복한 엄마가 되게 했다.

〈하나님 아이로 키워라〉

● 오늘의 기도
"하나님 아버지, 우리의 수고가 헛되지 않도록 이끌어주세요.
편히 자고 일어나는 행복한 부모가 되게 해주세요."

# 부부 대화의 빼기

부부 대화에서 빼기의 중요성은 아무리 강조해도 끝이 없다.
배우자의 마음을 상하게 하는 말을 먼저 빼고,
그다음에 좋은 내용을 더하면 풍성한 부부 대화가 이뤄진다.

- 당신 때문에 힘들어!
- 당신 때문에 못 살겠어!
- 당신 때문에 이 고생을 하는 거야!
- 당신이 좀 더 능력이 있었다면…
- 아니 여보! 그때 왜 그랬어?

그동안 강의하면서 여러 사람이 지은 문장이다.

〈끝까지 잘 사는 부부〉

오늘의 결정
**빼야 할 말을 과감하게 뺀다.**

**9**

# 엄마는
# 칭찬이 필요해요

자녀양육이 힘들어서 헛된 삶을 살았다고 느껴진다면
성경으로 돌아가서 이제라도 하나님께 기도하면 된다.
'하나님, 우리 가정에 찾아오셔서 세워주시고 지켜주세요.'
나는 이 땅의 엄마들이 예수님의 칭찬을 듣게 될 것을 믿는다.
"착하고 충성된 엄마들아! 네가 자녀양육에 충성하였으매
내가 많은 것을 네게 맡기리니 네 주인의 즐거움에
참여할지어다."

〈하나님 아이로 키워라〉

🔵 오늘의 칭찬

"엄마 고맙습니다. 엄마가 좋아요."
"여보, 당신은 잘하고 있어요."

# 아내의 칭찬은
# 남편을 살린다

어느 교회에서 좋은 가정 세미나를 진행했다.

남편의 지난 삶에서 잘한 것을 찾는 숙제를 냈다.

권사님과 장로님 부부가 먼저 발표했다.

권사님이 먼저 남편을 칭찬했다.

"당신이 그때 회사를 그만두지 않고 잘 견디신 것!

정말 잘했어요. 가족을 위해 참은 것을 잘 알고 있어요.

이제야 말하네요. 정말 잘하셨어요."

그 말을 듣는 장로님의 표정을 나는 생생하게 기억한다.

아내의 칭찬 한마디에 남편이 살아난다.

〈하나님 부부로 살아가기〉

오늘의 찾기

**남편을 칭찬하고 인정하는 말**

# 자녀는 선물입니다

선물에는 그것을 준 사람의 관심과 정성이 담겨 있다.
그래서 선물은 사랑의 또 다른 이름이다.
하나님은 우리를 사랑하시고 선물을 주신다.
그중에서도 가장 특별한 선물은 자녀다.
부모는 자녀를 통해 하나님의 사랑을 누리게 된다.
나는 하나님께 세 아이를 선물로 받았다.

자녀는 여호와께서 주신 선물이며… 시 127:3 현대인의 성경
〈하나님 아이로 키워라〉

● 오늘의 명언
**눈에 사랑을 가득 담아 자녀를 바라보며 말하기**
**"너는 하나님이 내게 보내주신 선물이야.**
**선물로 와주어 고맙다."**

# 아내의 불안을
# 없애는 방법

아내가 불안한 모습을 보이는 것과 남편의 사랑을
확인하려는 것은 동전의 양면처럼 닮은꼴이다.
남편의 사랑을 확인하려는 마음은 아내로서 당연한 일이다.
자꾸 나를 못 믿느냐며 아내를 다그치면 안 된다.
믿음의 문제가 아니고, 확인 과정에서 사랑을 누리고 싶은
자연스러운 마음이다.
남편이 그러한 아내를 인정하고 신뢰하면 자신감 있는
밝은 여자로 일생을 산다.

〈하나님 부부로 살아가기〉

오늘의 노력
**남편의 사랑을 아내가 확신하도록
분명하게 사랑을 표현한다.**

# 가장 좋은 태교는
# 하나님을 찬양하는 일

나에게 임신은 도저히 알 수 없는 미지의 세계였다.

그래서 나는 창조주 하나님을 신뢰할 수밖에 없었다.

나는 임신을 확인한 순간부터 우리 아이를 축복했다.

가능한 좋은 생각을 하려고 노력했고,

주님을 찬양하며 감사했다.

마치 예수님을 잉태한 마리아와 같은 심정이었다.

〈하나님 아이로 키워라〉

■ 오늘의 찬양

**내 영혼이 주님을 찬양합니다.**
**전능하신 분이 내게 이 큰일을 행하셨기 때문입니다**

눅 1:46,47,49 쉬운성경

# 사랑하기 때문이다

"여보! 내가 왜 이러지?"

아내가 어려운 말을 꺼냈다.

"당신이… 다른 여자들과… 함께 있는 게 싫어.

말하는 것도, 서로 보면서 웃는 것도 싫어."

나는 아내의 불안을 이해했다.

"당신이 힘들어하는 것은 나를 사랑하기 때문이야.

그 여자들을 미워해서가 아니야.

당신이 나를 많이 사랑하기 때문에 그런 거야."

아내는 내 말을 듣고 표정이 밝아졌다.

제자리로 돌아오는 데 오래 걸리지 않았다.

흔들리던 신혼이 안정되었다.

〈하나님 부부로 살아가기〉

오늘의 적용

**아내를 안심시킨다.**

# 가장 예쁜 선물을 받았다

"살려주세요!"

나는 바보같이 간호사를 보며 애원했다.

누구도 대신 낳아줄 수 없고, 산통에서 구해줄 수 없는데도

그렇게 말하고 말았다. 골반이 빠져나가는 것 같았다.

그렇게 태어난 우리 아기는

그 통증을 전부 잊게 할 만큼 예뻤다.

'어쩜 이렇게 예쁜 아기가 세상에 있을까.'

자녀는 하나님의 선물이라는 말이 맞았다.

'이처럼 예쁜 아기를 감히 내 아기라고 부르다니.

이렇게 귀한 아이를 내가 선물로 받다니.'

〈하나님 아이로 키워라〉

🔵 오늘의 이야기

**출산 이야기를 자녀에게 들려준다.**

# 기도하는 남자

아내가 강의하러 가기 전에 나는 항상 기도해준다.
그때마다 하나님이 그림으로 응답하시는데,
그것을 들어야 아내는 안심한다.
내가 아이들을 위해 기도할 때도 그림을 보여주신다.
그림을 보면서 예언 사역하는 사람들이 있지만,
나는 그런 은사를 받은 사역자가 아니다.
다만 가족을 위해 기도할 때는
선명한 그림이 즉시로 보인다.
가장 역할을 잘하도록 하나님이 나를 도와주신다.
특히 내가 가족을 위해 기도할 때
하나님이 일하시는 것을 느낀다.

〈하나님 부부로 살아가기〉

오늘의 암송

**그러므로 각처에서 남자들이 분노와 다툼이 없이
거룩한 손을 들어 기도하기를 원하노라** 딤전 2:8

# 똥 색깔도 예뻤다

아기가 토한 젖 냄새도 좋았고, 갓난아기 똥 색깔도 예뻤다.
식탁에 앉아서 밥 먹은 기억이 가물가물하고, 친구와 통화하다
황급히 아기에게 달려가야 해도 나는 괜찮았다.
아기를 보는 것만으로도 눈이 부셨다.
아기는 눈을 떴고, 먹고 자고 싸기를 반복했다.
손가락을 움직이더니 고개를 세우고, 몸을 뒤척이더니 뒤집고,
온몸으로 기어 다니다가 두 발로 일어섰다.
모든 순간이 신비롭고 놀라웠다.

〈하나님 아이로 키워라〉

■ 오늘의 추억
**아이가 처음 걸었던 날을 생각해볼까요?**

# 결혼 25주년의
# 감사 여행

결혼 25주년을 맞아 나는 아내에게 특별 여행을 제안했다.
결혼한 이후에 우리가 살았던 곳을 다시 가보자고 했더니
아내가 무척 좋아했다.
1년 동안 7번으로 나누어 전국을 여행했다.
우리의 기도와 삶의 자취가 남아 있는 곳을 다시 돌아보았다.
결혼기념 여행을 하면서 우리 부부는 서로에게 감사했다.
그리고 25주년 기념으로 감사목록 25개를 정해서
하나님께 감사드렸다.

〈하나님 부부로 살아가기〉

오늘의 감사
**결혼 연차에 맞게 감사 내용을 찾아볼까요?**

# 아내는 여자다

그녀를 위해 기도하는데, 하나님이 보여주신 그림은
다이아몬드로 만든 꽃병이었다.
그녀가 찬란하게 빛나는 강하고 아름다운 여자라는 뜻이
분명했다. 그런데 그림이 이어졌다.
살짝 건드리자 꽃병이 산산조각이 났다.
결혼생활 내내 나는 이 교훈을 되새긴다.
'내 아내는 다이아몬드로 만든 꽃병처럼
강하고 아름다운 여자다.
그러나 내가 함부로 대하면 쉽게 깨진다.
깨지지 않고 항상 빛나는 삶을 살도록 소중히 여겨야 한다.'

〈하나님 부부로 살아가기〉

● 오늘의 묵상

남편들아 이와 같이 지식을 따라 너희 아내와 동거하고
그를 더 연약한 그릇이요 또 생명의 은혜를 함께
이어받을 자로 알아 귀히 여기라 벧전 3:7

# 부부 대화가 중요하다

아내는 임신하고 출산이 가까워지면서,

캠퍼스 사역을 그만두고 집에 있었다.

그러나 사역이 진행되는 모든 일은 알고 있었다.

나는 집에 돌아오면 밖에서 있었던 일을 이야기했다.

내가 아는 일을 아내도 알게 했다.

아내는 집에서 아이들과 어떻게 지냈는지 이야기했다.

우리는 최소한 30분 정도는 이야기한 후에

하루를 마무리했다.

나는 체력을 남겨서 집에 왔다.

'부부 대화'에 우선권을 두었기 때문에 가능한 일이었다.

〈하나님 부부로 살아가기〉

오늘의 결단

**부부 대화를 위해 체력을 남겨서 집에 온다.**

# 아내를 소중히 여겨라

여자는 아름답다. 여자는 강하다.
그러나 여자는 쉽게 깨질 수 있다.
분별없이 말하면 다이아몬드 꽃병에 금이 갈 것이고,
함부로 대하면 산산이 부서질 것이다.
나는 절대로 꽃병을 깨뜨리지 않겠다고 결심하며
하나님 앞에서 다짐했다.
'제게 주신 여자가 나와 결혼해서 다이아몬드 꽃병으로
빛나는 삶을 살도록 돕겠습니다.
꽃병이 깨지지 않도록 제가 깨어 있겠습니다.'

〈하나님 부부로 살아가기〉

■ 오늘의 다짐
**아내가 상처받지 않도록 항상 깨어 있겠다.**

# 결혼을 두려워하는
# 청년들에게

결혼에 대한 소망이 없다는 남자 청년들을 만났다.
아내를 행복하게 할 자신이 없다고 했다.
불행한 가정을 많이 보아서인지 자신도 결혼하면
깨어진 가정이 될까 봐 두렵다고 말했다.
나는 남편 이야기를 들려주었다.
남편은 불행한 현실 속에서 '좋은 남편과 좋은 아빠'가 되는
꿈을 꾸었고 이제 그 꿈은 현실이 되었다.
나는 남편이 웃는 얼굴로 자고 있을 때 가장 행복하다.
누구든 아내에게 이런 행복을 주는 남편이 될 수 있다.

〈하나님 부부로 살아가기〉

오늘의 격려
**행복한 가정을 이룰 수 있다.**

# 나의 아가서 서약

1. 아내에게 예쁘다고 말한다.
2. 아내와 함께 의논한다. 나 혼자 결정하지 않는다.
3. 포도원에 꽃향기가 피어나듯 우리 가정을 행복하게 한다.
4. 아내가 바위틈에 숨지 않도록 한다.
   쉽게 지친다는 것을 기억한다.
5. 포도원을 허는 작은 여우를 잡는다.
   우리 가정을 보호하고 지킨다.
6. 우리 부부는 서로에게 속한 한 몸이 된다. 친밀한 부부가 된다.
7. 나는 항상 아내에게 돌아간다.

〈하나님 부부로 살아가기〉

■ 오늘의 말씀
아가서 2장 10-17절 읽고 묵상하기

# 계속 듣고 싶은 말

어느 여성 목사님과 우리 부부가 가깝게 지냈다.
모든 부분에서 자신감 있는 분이었다.
"목회를 잘하신다"라는 아내의 말에 목사님이 대답했다.
"부모님은 항상 예쁘다고 말해줬어요.
이렇게 예쁘니 너를 좋아하지 않을 사람이 없을 거라고 했어요.
그래서인지 사람들을 대하는 것이 불편하지가 않아요."
어렸을 때 예쁘다는 말을 충분히 들었다면 감사한 일이다.
혹시 듣지 못했어도 괜찮다. 결혼 후에 남편에게 들으면 된다.

〈하나님 부부로 살아가기〉

오늘의 실천
**아내에게 자신감 주는 말을 한다.**

# 아내는 예쁘다

"예쁘다는 말이 그렇게 좋아?"

"당신이 예쁘다고 말하려고 노력하는 것을 알아.

그걸 알고 있는데도 좋아.

당신이 나를 정말 사랑한다는 것을 더 확신하게 돼."

"예쁘다는 말이 그렇게 중요한 말인가?"

"그럼, 중요하지. 나를 살리는 말이야.

당신이 나를 한결같이 사랑한다는 확신을 심어주지.

내가 소중한 존재라는 사실을 잊지 않게 해주거든.

그래서 내가 늘 자신감이 있는 거야.

당신 덕분이지. 고마워요."

〈하나님 부부로 살아가기〉

● 오늘의 실천

**아내에게 예쁘다고 말하자!**

# 나의 사랑,
# 나의 어여쁜 그녀

쇼핑센터는 사람들로 붐볐다. 아내는 식품매장으로 갔다.
나는 서점에서 기다리다가 아내가 있는 지하 매장으로 갔다.
그곳은 더 복잡했다. 북적이는 사람들 사이에서 아내가 보였다.
내가 가까이 다가가니 아내가 물었다.
"어떻게 나를 찾았어?"
"찾기 쉬워. 당신은 예뻐서 잘 보여."
오늘도 성공이다. 아내에게 예쁘다고 말했다.
아내가 가장 듣기 좋아하는 말이다.
아가서에서 배운 대로 진심을 담아 나는 아내에게
예쁘다고 말한다.

〈하나님 부부로 살아가기〉

오늘의 고백
"당신, 정말 예뻐!!!"

# 남편의 행복을
# 지켜주자

남편이 언제 행복해하는지 지켜보았다.

축구를 하고 온 날, 행복해 보였다.

축구화를 흔들며 집에 들어오는 그가 활짝 웃었다.

온몸은 땀으로 범벅이어도 눈이 샛별처럼 빛났다.

나는 그 눈빛과 열정과 웃음을 지켜주고 싶었다.

축구하러 가겠다고 하면 언제든 보내주었고,

한밤중에 들어온 날에도 나는 박수 쳐주었다.

골을 넣고 온 날은 더 기뻐했으므로

다치지 않고 경기하면서 골 넣기를 간절히 기도했다.

〈하나님 부부로 살아가기〉

● 오늘의 질문
**언제 행복한지 남편에게 물어보기**

# 결혼생활의 나침반

신혼여행에서 오르내렸던 산은 나침반이 필요 없을 만큼
이정표가 곳곳에 있었다. 길을 잃어버릴 염려가 없었다.
깊고 험한 산도 아니었다. 등산로도 잘 정비되어 있었다.
마치 우리의 만남과 결혼 과정 같았나.
그러나 결혼생활을 하면서 어려움이 많을 텐데
길을 잃어버리면 안 된다.
앞날을 알 수 없으니 방향을 찾도록 도와주는
나침반이 필요했다.
우리는 신혼여행에서 돌아오자마자
부부생활의 나침반을 성경에서 찾기 시작했다.

〈하나님 부부로 살아가기〉

오늘의 적용
**부부관계에 대한 성경 구절 찾기**

# 좋은 부부가
# 될 수 있다

결혼을 앞둔 우리의 마음은 설렘과 불안이 공존했다.

'좋은 부부가 될 수 있을까?'

해답을 찾기 위해 결혼에 관한 책을 많이 읽었다.

우리의 데이트는 책 읽고 공부하는 것이었다.

그리고 결혼과 가정에 대한 성경적 지식을 배웠다.

30년 동안 우리가 친밀한 부부로 살아온 비결은

좋은 책을 통해 올바른 지식을 배웠기 때문이다.

누구든지 서로 사랑하는 방법을 배우고 실천하면

행복하게 잘 살 수 있다.

〈끝까지 잘 사는 부부〉

● 오늘의 의논
**우리도 부부학교를 시작할까?**

# 좋은 할머니가
# 되는 법

나는 언젠가 할머니가 되면, 축복의 말을 잘하고 싶다.
손주들이 이해하기 쉽고, 의미도 잘 전달되는
단어와 문장을 찾고 싶다.
손주를 칭찬하면서 동시에 엄마 아빠도 함께 칭찬하는
언어의 기술을 배우고 싶다.
"엄마 닮아서 아이가 참 지혜가 있구나.
아빠 닮았는지 성품도 좋고."
두 사람을 한 번에 칭찬하는 기술을
자연스럽게 구사하려고 한다.
가족을 축복하며 격려하는 할머니가 된다면
얼마나 복된 노년이 되겠는가.

〈하나님 아이로 키워라〉

오늘의 소망
**나는 좋은 조부모가 되고 싶다.**

# 남자와 여자로
# 지으셨다

예수께서 대답하여 이르시되 사람을 지으신 이가
본래 그들을 남자와 여자로 지으시고 마 19:4,5

예수님이 말씀하신 것처럼 하나님은 본래

남편과 아내가 아닌

남자와 여자를 창조하셨다.

남자가 결혼해서 남편이 되고,

여자가 결혼해서 아내가 된다.

남편과 아내의 출발은 남자와 여자다.

이것을 기억하고 적용하면 누구든지 좋은 부부가 될 수 있다.

〈끝까지 잘 사는 부부〉

■ 오늘의 시선

아내를 여자로 바라보기
남편을 남자로 바라보기

# 결혼한 자녀의 1순위

나는 큰아이의 결혼을 준비하면서 아들이 나를 떠나도록 했다.

결혼은 부모를 떠나는 것이다.

그래야 부부가 한 몸을 이룰 수 있다.

하나님이 명령하신 것처럼 자녀를 떠나보내는 것이

자녀 결혼을 준비하는 부모의 도리다.

잘 떠나보낸다는 것은 무엇일까.

우선순위가 바뀌도록 허락하는 일이다.

그동안 부모가 우선이었다면 이제부터

배우자를 우선하게 해야 한다.

그래야 부모 자녀 모두 행복하게 산다.

〈하나님 아이로 키워라〉

오늘의 교훈

**자녀를 잘 떠나보내야 잘 연합한다.**

# 역할보다
# 본성에 집중하라

자녀가 태어나면 대부분 부부관계보다는
부모 역할에 더 집중한다.
모두들 좋은 아빠, 좋은 엄마가 되려고 애쓴다.
그러나 아빠와 엄마가 되더라도 출발은 남자와 여자다.
남편과 아내, 아빠와 엄마의 역할을 하더라도
남자와 여자라는 본성은 그대로다.
이것을 기억하고 배우자를 대할 때
좋은 부부와 좋은 부모가 될 수 있다.

〈끝까지 잘 사는 부부〉

● 오늘의 기도
아내가 여자로서 기쁘게 하소서.
남편이 남자로서 즐겁게 하소서.

# 난독증 이야기

아이가 책을 잘 읽지 못했다.

어떤 단어를 건너뛰거나 앞에 있는 단어를 미리 읽었다.

난독증 증세였다.

나는 걱정으로 잠을 못 자는데,

남편은 고민하지 않고 난독증을 공부했다.

그리고 책 읽는 방법도 여러 종류라고 말했다.

눈으로 읽지 못하면 귀로 들으면 된다고 했다.

그때부터 아들은 성경과 많은 책을 오디오북으로 들었다.

자기에게 맞는 공부 방법을 찾은 아들은 자신감을 회복했다.

〈하나님 아이로 키워라〉

오늘의 명언

**문 하나가 닫히면 다른 문이 열린다.**

# 22
1 JANUARY

# 좋은 부부가
# 좋은 부모다

"어린 자녀와 함께 비행기를 타고 가다 위급한 상황이 되면
누가 산소마스크를 먼저 써야 할까요?"
전 세계를 운항하는 모든 비행기에서 똑같은 교육을 한다.
성인이 먼저 마스크를 써야 한다.
어른들이 자기만 살겠다는 이기적인 행동이 아니다.
비행기 안에서 부모가 의식을 잃으면
자녀를 구할 수 없기 때문이다.
가정에서도 마찬가지다.
좋은 부모가 되고 싶다면 먼저 좋은 부부가 되도록
노력해야 한다.

〈끝까지 잘 사는 부부〉

오늘의 외침
**좋은 부부가 되자!**

# 전학은 힘들어요

"오늘은 어땠어?"

"쉬는 시간에 혼자 철봉에 거꾸로 매달려봤어요.
운동장에서 노는 아이들을 보면서
제주도에 두고 온 선생님과 친구들을 생각했어요."
나는 아들을 안고 같이 울었다.
다음 날 학교에서 돌아온 아들을 맞이하며 또 물었다.
"오늘은 어땠어?"
"오늘은 비가 왔어요. 비 내리는 창밖을 바라보면서
제주도에 두고 온 선생님과 친구들을 생각했어요."
나는 친구를 그리워하는 어린 아들을 안고 또 울었다.

〈하나님 아이로 키워라〉

오늘의 질문
**전학했을 때 기분이 어땠니?**

# 따뜻한
# 집을 위한 기도

아이들이 추위를 피해 들어가고 싶은 집이 되게 하소서.
아내의 몸과 마음이 편히 쉴 수 있는 집이 되게 하소서.
남편이 가족을 향해 발걸음을 재촉하는 집이 되게 하소서.
가족 모두 예수를 믿고 구원받은 집이 되게 하소서.
부모와 자녀가 함께 손잡고 기도하는 집이 되게 하소서.
두 손을 높이 들고 주님을 찬양하는 그런 집이 되게 하소서.
우리 집이 마음 따뜻한 집이 되게 하소서.

〈기도는 죽지 않는다〉

● 오늘의 기도
**몸과 마음과 영혼이 따뜻한 가정이 되게 하소서.**

# 순종 훈련과
# 사회성 훈련

세 살에 시작한 아이들의 순종 훈련은
다섯 살 전후에 어느 정도 완성되었다.
그래서인지 사춘기 전까지 징계할 일이 거의 없었다.
어렸을 때 순종 훈련에 집중한 이유는
평생을 살아가는 지혜를 주기 위함이다.
마땅히 행할 길을 아이에게 가르치면 늙어도 그것을
떠나지 않는다는 잠언 말씀은 진리다(잠 22:6).
순종 훈련 이후에는 사회성 훈련에 노력했다.
사람들과 어울리는 사회성 훈련은 가정에서 시작해야 한다.

〈하나님 아이로 키워라〉

오늘의 토론

**순종 훈련과 사회성 훈련은 왜 필요한가?**

# 믿음의 분투를
# 하는 사람들

"남편과 시댁은 아무도 예수님을 믿지 않습니다.
남편과 사는 것도 힘든데, 시댁과도 갈등이 심합니다.
제가 이런 삶을 끝까지 사는 것이 맞는지 기도를 부탁합니다."
"이제 가족 모임에 가는 것조차 싫습니다.
가족 구원과 회복을 위해 오랜 세월 동안 기도했는데 지쳤습니다.
가족이 모이면 술 마시고 싸우는 일이 반복되다 보니
갈수록 원망과 상처만 깊어집니다.
어떻게 해야 할까요?"

〈기도는 죽지 않는다〉

■ 오늘의 질문
**가족을 위한 기도를 왜 계속해야 할까?**

# 임산부의
# 기도와 찬양

나는 성경 말씀으로 내 배 속에 있는 아기를 위해 기도했다.

'주님이 주신 이 아이가 태아에서부터 성령 충만하게 하소서.

평생 주를 찬양하는 사람이 되게 하소서.'

모태에서부터 예수님을 알아보고 뛰놀았던 세례 요한처럼,

우리 아기도 주를 기뻐하며 찬양하길 기도했다.

아기의 손짓과 발짓이 느껴질 때마다

아이가 지금 찬양하며 기뻐 뛰어놀고 있다고 믿었다.

태동에 맞춰 나도 찬양하며 기뻐했다.

〈하나님 아이로 키워라〉

오늘의 말씀
**누가복음 1장 39-45절 읽고 묵상하기**

# 기도로
# 승리한 사람들

사도행전 16장 31절 말씀을 의지하며 간절히 기도해서
응답받은 사람들을 많이 만났다.
그녀는 어려서부터 혼자 예수님을 믿었다.
그녀의 기도와 전도로 부모님과 동생들은 차츰 예수님을 믿게
되었는데 언니만 끝까지 믿지 않았다.
포기하지 않고 기도했더니 65년 만에 응답이 되었다고 간증했다.
시어머니의 구원을 위해 오래 기도한 분도 만났다.
결국 시어머니와 함께 남편까지 예수님에게 돌아왔다고 했다.

〈기도는 죽지 않는다〉

■ 오늘의 암송
**사도행전 16장 31절을 쓰고 암송하기**

# 나를 붙드시는
# 하나님

임신한 엄마는 아침마다 묵상하고 예배하는 시간을
가져야 한다.
아기가 태어나면 경건의 시간을 갖기가 쉽지 않다.
임신 기간에 하나님 앞에 머무는 시간은 이후
엄마로서 살아가는 데 큰 힘이 된다.
성경을 읽으며 아기를 주신 주님께 감사하고 찬양하라.
빛과 생명이신 하나님은 찬양 중에 임하신다.
우리의 찬양은 어둠과 죽음을 몰아내고
우리의 감사는 원수의 뺨을 때리게 된다.
태아의 건강이나 출산에 관한 불안을 몰아내고
기대와 소망을 품게 한다.

〈하나님 아이로 키워라〉

오늘의 말씀
**시편 139편 13-16절 읽고 묵상하기**

# 사람은 죽어도
# 기도는 죽지 않는다

어머니 댁에서 돌아와 잠을 자려는데

아내가 내 손을 잡으며 말했다.

"오늘 정말 놀라웠지!"

"뭐가?"

"처음으로 제사 대신 가정예배를 드렸잖아."

"그러게."

" 어머니의 평생 소원이 오늘 이루어졌네.

돌아가신 지 3일 만에."

"그러네."

"어머니는 돌아가셨지만 어머니의 기도는 죽지 않은 거야."

〈기도는 죽지 않는다〉

◯ 오늘의 소망

내가 하는 기도는 죽지 않는다.
살아서 반드시 응답된다.

# 자녀를 주신
# 하나님을 찬양하라

찬양과 감사는 하나님의 주권을 인정한다는 믿음의 고백이다.

누가복음 1장에는 예수님을 잉태한 마리아의 찬양이 나온다.

처녀의 몸으로 임신한 마리아가 이처럼 찬양한다는 것은

선하신 하나님에 대한 전적인 신뢰 없이는 불가능하다.

어떤 이유로 임신했든지 주님을 찬양하고 감사기도를 드리자.

임신 기간에는 하나님의 창조의 신비를 찬양하며,

능하신 하나님이 나에게 큰일을 하셨다고 선포하자.

〈하나님 아이로 키워라〉

오늘의 말씀
**누가복음 1장 46–56절 읽고 묵상하기**

# 함께 기도하라

시간이 흘러

가족을 위해 기도하는 것이 벅차고 지칠 무렵에

마침내 여동생이 신실한 그리스도인이 되었다.

우리는 함께 기도했다.

조카들도 한 명씩 그리스도인이 되었고,

가족을 위해 기도하는 든든한 연합군이 되었다.

결혼하고 나니 남편이 신실한 기도 동역자로 합류했다.

함께 기도하는 일이 결혼생활의 큰 축복임을 알게 되었다.

한 사람이 기도하는 것보다 세 사람이 연합하여 기도하면

3배로 향기가 쌓이지 않겠는가. 응답도 3배로 빨라진다.

〈기도는 죽지 않는다〉

오늘의 찾기
**누가 기도 동역자일까?**

# 사춘기를 공부한다

아이들의 사춘기가 차례대로 지나갔다.

쉽지 않은 시간이었다.

우리 아이들은 내가 성장한 시대와 다른 환경에서 자라고 있었다.

아이들도 어려워했지만, 나도 힘들기는 매한가지였다.

부모인 내가 준비되어 있지 않아서 작은 일에도 당황했다.

후에 돌이켜보니 별일 아니었는데

당시에는 큰 의미를 부여했었다.

잘 키우고 싶던 내 마음이 앞선 날이 많았다.

아이들의 사춘기에 나도 많이 성장했다.

〈하나님 아이로 키워라〉

오늘의 준비

**자녀들의 사춘기를 예상하고 공부한다.**

# 아버지를 위한
# 기도 향로

어떤 기도는 빨리 응답되고 어떤 기도는 더디 응답된다.

'엄마는 빨리 예수께 돌아왔는데 아버지는 왜 이리 더딜까?'

아버지를 위한 기도 향로를 상상했다.

아마도 많이 커서 그런 것이 아닐까?

그렇게 생각하니 실망 대신 의욕이 생겼다.

반드시 기도의 분량을 채우리라고 결심했다.

아버지의 구원을 위한 기도는 25년 만에 이루어졌다.

응답이 늦어 때로 힘들었지만,

포기하지 않았더니 결국 채워져서 부어졌다.

〈기도는 죽지 않는다〉

■ 오늘의 소망

**기도를 포기하지 않으면 결국 응답된다.**

# 나보다 더 우리 아이를
# 사랑하시는 하나님

가정마다 자녀를 양육하고 교육하는 여건이 다르다.

그럼에도 불구하고 성경의 원칙을 실천하면

하나님은 반드시 합당한 도움과 지혜를 주시며

최선의 길을 보여주신다.

하나님은 나보다 더 내 아이를 사랑하신다.

하나님은 믿고 구하는 부모들의 기도를 들으시고

힘과 능력을 주서서 좋은 부모가 되게 하신다.

우리 자녀를 하나님의 아이로 키워내게 하신다.

〈하나님 아이로 키워라〉

오늘의 선포

**하나님은 우리 자녀를 사랑하신다.**

# 소망의 그림이
# 실제가 된 날

찬송을 부르며 가정예배를 드리는데,
맞은편에 앉은 막냇동생과 눈이 마주쳤다.
우리는 둘 다 눈물을 흘리며 웃고 있었다.
오랜 세월 그토록 믿음으로 소망하며 함께 기도했던
그 그림이 실제가 되어 눈앞에 펼쳐진 것이다.
동생이 내게 아버지를 보라고 눈짓했다.
아버지가 제일 힘차게 찬송을 부르고 있었다.
동생이 두 팔을 높이 들고 환하게 웃으며 말했다.
"언니, 우리 소망의 그림이 실제가 되었어."

〈기도는 죽지 않는다〉

🔲 오늘의 말씀
**믿음은 바라는 것들의 실상이요** 히 11:1

날마다 행복한
우리집
365

# 12

DECEMBER

좋은가정TV

# 가족 구원과
# 가정 회복을 위한
# 중보기도 5단계

1단계 · 찬양과 감사로 시작한다.

2단계 · 묶고 풀며 기도한다.

3단계 · 소망의 그림을 그리며 기도한다.

4단계 · 성령을 의지하며 간절히 구한다.

5단계 · 축복하며 믿음으로 선포한다.

〈기도는 죽지 않는다〉

■ 오늘의 독서

《기도는 죽지 않는다》 3부(123-204쪽) 읽기

# 결혼한 자녀의 가정과 손주를 위한 기도

하나님 아버지,

제 아이가 결혼하고 가정을 이루게 하셔서 감사합니다.

선한 목자이신 주님을 찬양합니다.

주님, 귀한 손주를 주셔서 감사합니다.

어쩜 이리도 사랑스러울까요.

사람을 만드신 주님을 찬양하고 찬양합니다.

서로 사랑하며 끝까지 사이좋은 부부로 살게 하소서.

복을 받고 복을 나눠주는 복된 가정이 되게 하소서.

손주가 하나님과 이웃과 가족을 사랑하는

하나님 아이로 자라게 하소서.

예수님 이름으로 자녀 가정을 축복하며 기도합니다.

아멘.

〈기도는 죽지 않는다〉

# 아버지의
# 구원을 위한 기도

제게 아버지를 주셔서 감사합니다.

그동안 아버지를 원망했던 저를 용서해주옵소서.

아버지가 지은 죄도 용서해주옵소서.

주님의 보혈로 우리 아버지를 씻고 덮어주옵소서.

아버지가 예수님 믿기를 소망합니다.

성령님을 의지합니다.

아버지를 바라보는 주님의 눈을 제게 주소서.

아버지를 향한 약속의 말씀을 주소서.

아버지에게 복을 주소서.

하늘의 신령한 복과 땅의 소산의 복을 주옵소서.

주님은 아버지의 아버지이십니다.

예수님의 이름으로 아버지를 축복하며 기도합니다.

아멘.

〈기도는 죽지 않는다〉

# 사단은
# 기도를 방해한다

사단은 기도하는 사람을 두려워한다.
우리가 기도하면 하나님이 일하시고
우리를 대신해서 그분이 싸우시기 때문이다.
그래서 우리가 기도하지 못하도록 사단은 늘 방해한다.
기도하려고 하면 할 일이 갑자기 생각나거나
외출할 이유가 생긴다.
'나중에 기도해야지' 하다가 결국 못하게 된다.
전화가 걸려오거나 누군가 초인종을 누르기도 한다.
어떤 사람은 기도하면서 메모하려고 볼펜을 찾다가
기도를 잊어버리고 책상 정리만 했다고 한다.

⟨기도는 죽지 않는다⟩

오늘의 말씀
**깨어 구하기를 항상 힘쓰며** 엡 6:18

날마다 행복한
우리집
365

2

FEBRUARY

좋은가정TV

# 가족을 축복하는 법

1. (      ) 안에 가족의 이름을 적고 큰 소리로 축복한다

    "하나님은 (      )에게 복을 주시고, 하나님은 (      )를

    지키시기 원하며, 하나님은 그의 얼굴을 (      )에게 비추사

    은혜 베푸시기 원하며, 하나님은 그 얼굴을 (      )에게로

    향하여 드사 평강 주시기 원합니다.

    예수 그리스도의 이름으로 (      )를 축복합니다."

2. 진리를 선포한다

    "하나님은 우리 가정의 주인이십니다.

    예수님은 우리 가족의 구원자이십니다."

    〈기도는 죽지 않는다〉

오늘의 확신

**내가 축복하면 하나님이 복을 주신다.**

# 자녀는
# 울타리가 필요하다

자녀들을 잘 키워야 한다.

하나님이 맡겨주신 선물이기 때문이다.

좋은 습관과 태도를 갖도록 자녀를 양육해야 함은

당연한 일이다.

세속적인 나쁜 문화가 아이들에게 들어오도록

방치하면 안된다. 울타리가 필요하다.

아이들에게 끌려가지 말고 나이에 맞게 올바른 방법으로

양육해야 한다. 부모에게 먼저 성경적 기준이 있어야 한다.

그래야 아이들을 지킬 수 있다.

〈하나님 아이로 키워라〉

오늘의 말씀

**자녀들아 주 안에서 너희 부모에게 순종하라**
**이것이 옳으니라** 엡 6:1

# 내가 먼저 축복한다

집에 들어갈 때마다 현관문을 열면서 가정을 축복하자.

가족들이 서로를 자랑스럽게 여기지 않고,

사랑하지 않고, 감사하지 않으면 복을 받기 어렵다.

깨진 그릇에 물을 담을 수 없는 것과 같다.

하나님은 모든 가정에 복을 주기 원하신다.

가족이 서로 축복할 때 하나님의 복이 임한다.

내가 먼저 가족을 축복하자. 내가 먼저 가족을 사랑하자.

내가 가정을 축복하면 하나님이 내 가정에 복을 주신다.

〈기도는 죽지 않는다〉

오늘의 결단

**내가 먼저 가족을 축복하겠다.**

# 발달 단계에 맞는
# 자녀양육법

자녀를 잘 키우려면 양육에 대한 올바른 태도와 지식이 필요하다.
자녀의 나이에 맞게 양육 방법과 부모의 위치가 달라야 한다.
그래야 부모가 지치지 않고, 자녀와 싸우지 않는다.
행복한 가정이 된다.

- 1-2세 : 안으로 들어간다.
- 3-7세 : 앞에서 끌어준다.
- 8-12세 : 옆에서 함께한다.
- 13-19세 : 뒤에서 밀어준다.
- 20세 이후 : 멀리서 지지한다.

〈하나님 아이로 키워라〉

오늘의 고찰
**자녀 나이에 맞게 양육하고 있는가?**

# 가족을 축복하자

가족을 비난하면 복이 임하지 않는다.

가족과 싸우면 일도 잘 안 풀린다.

우리 부부가 차에서 더 이상 싸우지 않게 된 계기가 있다.

가족 여행 중에 교통사고가 났다.

내리막길에서 신호를 기다리느라 멈춰 있는데

뒤 차가 와서 꽝 부딪혔다.

하마터면 낭떠러지로 밀려 떨어질 뻔했다.

놀란 가슴을 쓸어내리며 우리 부부는 회개했다.

차 안에서 다투는 중에 사고가 났기 때문이다.

우리가 싸우면 안전하지 않다는 것을 크게 배웠다.

〈기도는 죽지 않는다〉

오늘의 결심

**비난 대신 가족을 축복하겠다.**

# 1-2살, 아이가 하는
# 모든 일을 용납한다

우리 집을 방문한 가정의 아기가 사각 휴지통의 휴지를 뽑았다.

예쁘고 귀여운 아이였다. 엄마는 미안해서 어쩔 줄 몰라 했다.

나는 웃으면서 휴지통을 아이에게 다시 갖다 주었다.

함께 휴지를 뽑아서 공중에 날렸다.

휴지가 자기 얼굴에 떨어지면 아기는 소리 내어 웃었다.

우리 아이들도 아기 때 휴지 뽑기를 좋아했다.

우리 부부는 아이를 혼내지 않았다.

아이가 잘못한 일이 아니기 때문이다.

〈하나님 아이로 키워라 〉

오늘의 질문

**두 돌 전의 어린아이를 무조건 용납하고 있는가?**

# 자녀를 축복하라

부모는 자녀에게 하나님의 복을 흘려보내는 통로다.

부모가 축복하면 하나님이 복을 주신다.

부모의 축복으로 자녀를 향한 하나님의 선한 뜻이 이뤄진다.

자녀를 축복하는 부모는 자녀에 복을 주시는

하나님의 은혜를 함께 경험하게 된다.

하나님은 복을 주기 원하신다.

이것이 우리를 향한 하나님의 마음이다.

하늘의 복과 땅의 복이 자녀에게 임하는 가장 확실한 방법은

부모가 자녀를 축복하는 것이다.

〈기도는 죽지 않는다〉

오늘의 적용
**자녀를 축복하며 기도한다.**

# 실수는
# 야단칠 일이 아니다

휴지를 뽑아도 괜찮던 아이들이 세 살이 되었을 때,

우리 부부는 양육 방법을 발전시켰다.

이제 가르쳐야 하는 나이가 되었다.

먼저 아이의 실수를 구분했다.

실수는 용납하고 기다려주고, 나쁜 행동은 따끔하게 혼냈다.

딸은 이 시기에 물을 계속 엎질렀지만

그 일로 아이를 야단치지 않았다. 그건 실수이기 때문이다.

물을 엎지르지 않도록 기도해줬다.

언제부터인지 물을 엎지르지 않았다.

〈하나님 아이로 키워라〉

오늘의 기다림

**자녀가 반복해서 실수하는 일은 무엇인가?**
**괜찮다고 말해준다.**

# 기도를 멈추었다면
# 다시 시작하라

성도의 기도는 하늘에 있는 향로에 향기로 쌓인다.

담긴 기도는 사라지지 않는다.

지쳐서 기도를 멈추었다면 오늘부터 다시 시작하면 된다.

기도에 분량이 있다면 언젠가 반드시 채워지고,

채워지면 반드시 부어진다.

그래서 성경은 쉬지 말고 기도하라고 한다(살전 5:17).

쉬지 말라는 것은 중간에 포기하지 말고

끝까지 기도하라는 뜻이다.

만약 쉬었다면 다시 기도하자.

〈기도는 죽지 않는다〉

오늘의 결심

**포기하지 않고 끝까지 기도하겠다.**

# 3-7살,
# 앞에서 끌어준다

세 살부터 일곱 살까지는 부모가 앞서서 끌어주며
훈육해야 한다. 아이에게 끌려다녀서는 안 된다.
두 살이 지나면 자아 인식과 인지 능력이 왕성하게 발달해서
자기주장이 강해진다.
아이가 활발하게 성장하고 있다는 증거이므로
그 자체는 좋은 일이다.
그러나 자녀양육의 첫 단추를 끼우는 중요한 시기에
자기 마음대로 하면 안 된다고 분명하게 알려줘야 한다.
부모에게 순종하는 태도는
하나님이 약속한 가장 좋은 보호막이다.

〈하나님 아이로 키워라〉

오늘의 고민
**자녀에게 끌려다니는 것은 진정 사랑일까?**

**23**

11 NOVEMBER

# 자녀는 천하 만민에게
# 복이 될 것이다

'자녀는 내 아들딸이면서 동시에 하나님나라의 군사로
알고 잘 키워야 한다.'
이것은 의식주의 필요를 채워주는 기본 양육보다 중요한 주제다.
그리스도의 충성된 군사인 우리 자녀는 공통의 부르심이 있다.
바로 천하 만민에게 복이 되는 것이다.

땅의 모든 족속이 너와 네 자손으로 말미암아
복을 받으리라 창 28:14하

〈하나님 아이로 키워라〉

오늘의 기도

하나님 아버지, 우리 자녀가
천하 만민에게 복이 되게 하소서.

# 자식을 사랑하는 자는
# 징계한다

남편이 선교사 훈련학교 책임자로 있을 때,
여러 가정이 훈련학교에 왔다.
아이들도 어울려 놀았는데,
우리 아들이 가끔 다른 아이의 놀이 블럭을 쓰러뜨렸다.
남편이 따끔하게 혼을 내고 종아리를 때렸다.
아들과 미리 약속한 훈육방법이었다.
'세 살 아이가 친구의 블럭을 쓰러뜨리는 일이
그렇게 큰 잘못인가?'라고 반문할 수 있다.
그러나 아이는 그 자체로 천사가 아니다.
부모와 함께 결정한 분명한 기준으로 양육받지 않으면
저절로 좋아지지 않는다.

〈하나님 아이로 키워라〉

오늘의 말씀

매를 아끼는 자는 그의 자식을 미워함이라
자식을 사랑하는 자는 근실히 징계하느니라 잠 13:24

# 다음 세대에
# 소망이 있다

하나님나라의 의와 희락과 평강을 구하는 그리스도인이
점점 많아졌으면 좋겠다.
그런 소원을 품은 다음 세대가 많이 일어나길 기도한다.
많은 그리스도인 가정에서 아이들이 자라고 있기에 소망이 있다.
정치와 경제, 문화와 교육, 매스미디어와 종교,
가정과 과학기술 영역으로 부르심 받은 아이들이 자라고 있다.
뿐만 아니라 이웃에게 도움이 되라고 가르치는
그리스도인 부모들이 많아서 이 세상은 소망이 있다.

〈하나님 아이로 키워라〉

오늘의 대화
**자녀의 관심 영역에 대하여**

# 훈육은 분명하고 짧게

징계와 훈육은 올바른 지식이 필요하고,

엄마 아빠가 같은 마음으로 행해야 한다.

아이가 자기 잘못을 인식하지 못하면

징계의 필요와 목적을 충분히 이야기해야 한다.

나는 아이를 훈육하는 규정과 방법도 자녀들과 함께 만들었다.

아무리 나이가 어려도 서로 동의하고 약속하면,

징계를 부모의 사랑으로 받아들인다.

훈육은 분명하고 따끔하게 했지만, 1분에 끝냈다.

그리고 나서 충분히 안아주었다.

〈하나님 아이로 키워라〉

오늘의 다짐

**나는 훈육을 미루지 않는다.
우리 아이를 사랑하기 때문이다.**

# 특별한 날에
# 감사한다

결혼기념일에 배우자에게 듣는 감사의 말은

그 어떤 선물보다 값지다.

3주년에 3가지 감사를 나누는 부부는

60주년에 60가지 감사를 나누게 될 것이다.

명절에도 감사를 나눈다.

온 가족과 친지가 둘러앉아 나누는 감사는

더 화목한 가족을 만든다.

매주 가족의 날에 감사를 나눈다.

부모 자녀 관계가 따뜻해지고 형제 사이가 돈독해진다.

특별한 날에 감사하는 것은 사랑의 표현이다.

더불어 자기 자신의 삶을 긍정하는 표시다.

〈끝까지 잘 사는 부부〉

오늘의 결정

**결혼기념일 감사 편지쓰기**

# 우리 가정의
# 다섯 가지 훈련 항목

우리 부부는 우리 가정의 형편에 맞게
아이들이 지켜야 하는 다섯 가지의 규칙을 정했다.
아이들과 의논하면서 함께 결정했다.

- 첫째, 엄마 말은 한 번에 듣는다.
- 둘째, 나쁜 말을 하지 않는다.
- 셋째, 형제들과 싸우지 않는다.
- 넷째, 공공질서를 지킨다.
- 다섯째, 다른 사람 물건에 함부로 손대지 않는다.

〈하나님 아이로 키워라〉

오늘의 결정

훈련 기간 :
훈련 방법 :
훈련 내용 :

# 가진 것을 감사하라

가지고 있는 작은 것에 감사하며 살다 보면
이어지는 모든 삶을 감사로 받게 된다.
처음부터 적은 소유로 만족하는 법을 배우면
사는 날 내내 행복이 계속된다.
배우자에게 없는 것을 바라지 말고 이미 있는 것에 감사하자.
배우자를 향한 과도한 바람과 요구는 사랑을 고갈시킨다.
오늘 배우자의 존재 자체만으로 감사하다고 고백하는 부부는
내일도 두 손을 꼭 잡고 함께 갈 수 있다.

〈끝까지 잘 사는 부부〉

오늘의 감사

지금 가지고 있는 것
지금 함께 있는 사람

# 자녀는 부모를 보고 따라 한다

공공예절을 가르치는 이유는 사회 구성원으로 살아가면서
타인을 향한 존중과 배려를 배워야 하기 때문이다.
이런 교육은 빠를수록 좋다.
나는 아이들이 다섯 살이 되기 전에
공공예절을 집중적으로 가르쳤다.
식당과 기차에서 어떻게 해야 하는지 가르쳤다.
자녀는 부모의 제자다. 부모를 따라 한다.
그래서 자녀는 부모를 비추는 거울이다.
공공질서를 잘 지키는 아이로 훈련하려면 부모가 지켜야 한다.

〈하나님 아이로 키워라〉

■ 오늘의 칭찬

엄마 말에 순종한 일
공공예절을 지킨 일

# 범사에 감사한다

감사와 불평은 현실을 받아들이는 방식의 차이다.
그 차이가 행복과 불행을 결정한다.
남편과 아내는 참 많이 다르다.
그 다름을 감사할 것인지 불평할 것인지는 각자 선택한다.
대부분의 가정은 자녀 관계, 원가족 갈등, 노후 준비 등
여러 종류의 문제를 안고 있다.
질병과 재정 문제가 있는 것도 비슷하다.
'범사에 감사한다'라는 것은 이 모든 것에
불평 대신 감사를 선택한다는 뜻이다.

〈끝까지 잘 사는 부부〉

오늘의 명언
누군가 모든 일에 감사를 선택했다면
그는 이미 행복한 삶을 얻은 것이다.

# 재정 교육을 시작한다

아이들의 재정 교육은 일찍 시작할수록 좋다.
우리 가족은 정기적으로 재정을 보고하는 시간을 가졌다.
지금 필요한 돈이 얼마이고, 우리가 가진 돈은 얼마인지
아이들에게 자세히 알려주었다.
그리고 나서 손을 잡고 기도하면
부족한 돈이 채워지는 응답을 받았다.
재정 상황을 공유하면 아이들의 경제 관념이
자연스럽게 만들어진다.
부모가 얼마나 수고하는지 알아가면서
아이들도 사고 싶은 욕구를 절제하게 된다.

〈하나님 아이로 키워라〉

오늘의 알림

**우리 가정의 재정 상황을 이야기하고 의논한다.**

# 감사를 배우다

예수님은 이 땅에서의 마지막 식사를 제자들과 함께하셨다.
떡을 떼고 잔을 들어 감사기도를 하셨다(눅 22:19).
그분의 몸이 떡처럼 찢어지고 피가 물처럼 쏟아질 것을
알면서도 감사하셨다.
감사로 생명을 나눠주며 제자들을 끝까지 사랑하셨다.
이런 예수님을 본받으면 우리가 감사하지 못할 상황은 없다.
오늘 감사하는 부부는 끝까지 사랑하는 부부로 살 수 있다.

〈끝까지 잘 사는 부부〉

오늘의 배움

범사에 감사하고
가진 것을 감사하며
특별한 날에 감사한다.

# 아빠 전기문 쓰기

우리 아이들은 엄마에 대해서는 잘 알았다.

그런데 아빠에 대하여는 더 알아야 했다.

어떤 일을 하고 있으며, 어떻게 성장했는지 알아보는

특별 프로젝트를 진행했다.

아빠의 전기문 쓰기.

아빠를 인터뷰하고,

가정예배의 설교에서 들은 예화를 정리하고,

엄마에게 들은 아빠 이야기도 참고하면서 글을 썼다.

'아빠 전기문'을 계기로 아빠를 더 존경하게 되었다.

〈하나님 아이로 키워라〉

---

◼ 오늘의 미션

**아빠 전기문 준비**
1. 아빠가 어렸을 때 어떤 집에서 살았는지?
2. 지금 아빠는 무슨 일을 하고 있는지?

# 용납을 주고받는 부부

오늘도 시험에 들고 넘어진다.

또 일을 잘못하고 말실수를 연발한다.

그럴 때 따뜻한 미소로 받아주는 아내가 있다면,

괜찮다고 말하며 꼭 안아주는 남편이 있다면 얼마나 좋을까.

"실수할 수도 있지. 괜찮아!"

"너무 걱정하지마, 내가 기도해줄게."

"힘들면 언제든지 말해. 내가 있잖아!"

이렇게 용납을 주고받는 남편과 아내의 마음은 서로를 향한다.

그래서 용납해주는 일이 많을수록 부부 사랑은 깊어진다.

〈끝까지 잘 사는 부부〉

오늘의 적용

**배우자의 실수에 대해
괜찮다고 말하기**

# 13-19살,
# 한 발 뒤에서 따라간다

불쑥 내뱉는 아들의 말에 깜짝 놀랐다.

"엄마 아빠! 왜 나를 낳으셨어요?

차라리 태어나지 않았으면 더 좋았는데…."

무례한 말에 화를 낼 수도 있었다.

나는 마음속으로 기도했다.

그러자 아이들이 10대가 되면 부모는 한 발 뒤로 물러서기로

결심했던 양육 방법이 생각났다. 나는 조용히 물었다.

"정말 하고 싶은 말이 뭐니?

왜 그런 생각을 했는지 말해줄 수 있니?"

주저하던 아들이 조곤조곤 이유를 설명했다.

〈하나님 아이로 키워라〉

⬤ 오늘의 공부
**사춘기 자녀의 특징 알기**

# 손잡고 잡니다

우리 부부는 손을 잡고 잔다.

잠들기 전에 사랑의 수신호를 보낸다.

누구든 먼저 '사. 랑. 해.'라는 표시로 손을 세 번 꾹꾹꾹 누르면,

상대는 '나. 도.'라는 뜻으로 손을 두 번 꼭꼭 눌러 대답한다.

말다툼을 한 날도 잠잘 때만큼은 손을 잡는다.

의지적으로 사랑한다는 손신호를 교환한다.

그래서인지 분을 품고 하루를 넘기는 일은 없었다.

의지적으로 사랑을 표현하면

사랑하는 마음이 생긴다는 말은 사실이었다.

〈하나님 부부로 살아가기〉

오늘의 실천
**사랑의 수신호 보내기**

# 나를 인정해주세요

아빠와 함께 선교지를 방문하고 돌아온 막내가
삭발하겠다고 했다.
큰아들도 그 나이에 레게머리와 삭발을 하고 싶어 했는데,
무엇을 먼저 할지 주저하다가 기회를 놓쳤던 일이 생각났다.
이제 막내가 열세 살이 된 기념으로
혼자 미용실에 가서 삭발하고 왔다.
아이들이 청소년이었을 때 웬만한 일은
스스로 결정하도록 하고 나는 대부분 물러났다.
아이들이 이 기간에 쏟아내는 각종 이야기들은
하나로 정리된다.
'나를 인정해주세요.'

〈하나님 아이로 키워라〉

오늘의 질문
"부모에게 제일 듣고 싶은 말은 어떤 말이니?"

# 아내가 있을 곳

바위틈 낭떠러지는 여자가 있을 곳이 아니다.
포도나무에 꽃이 피어 향기를 토하는 곳,
무화과나무의 열매가 익고, 새들이 아름답게 노래하는
멋진 동산이 여자가 있을 곳이다.
좋은 동산이 있는데 비좁고 위태로운 바위틈에 숨어 있으면
얼마나 마음이 아픈가. 그래서 나오라고 해야 한다.
'나의 사랑 나의 어여쁜 자야'라고 부르며
일어나서 함께 가자고 남편이 손을 내밀어야 한다.

〈하나님 부부로 살아가기〉

오늘의 선언
**바위틈 낭떠러지는
아내가 있을 곳이 아니다.**

# 물러서는
# 용기가 필요해

청소년 자녀를 둔 부모는 서서히 물러나야 한다.
부모들이 자녀들의 많은 부분에 관여하는 시대가 되었다.
아이들의 선택이 불안해 보여서 자기도 모르게 조급해지기도
한다. 물론 부모가 더 잘할 수 있지만, 절제해야 한다.
하나님이 선물로 주신 자녀를 지키려면
오히려 한 걸음 물러서는 용기가 필요하다.
우리 아이들이 십 대가 되었을 때,
나는 아이들 뒤에서 천천히 걸었다.
신뢰하면서 따라갔다.

〈하나님 아이로 키워라〉

● 오늘의 용기

"너를 믿는다. 너의 선택을 존중해"라고
청소년 아이에게 말한다.

# 하나님이 도우신다

결혼 제도를 만드신 주님이 돌보신다.

"당신은 하나님이 내게 주신 귀한 내 남편입니다"

"당신은 하나님이 짝지어준 소중한 내 아내입니다"라고

고백하며 그분을 의지하는 모든 부부를 하나님이 도우신다.

〈하나님 부부로 살아가기〉

오늘의 말씀

창조 때로부터 사람을 남자와 여자로 지으셨으니
이러므로 사람이 그 부모를 떠나서 그 둘이 한 몸이 될지니라
이러한즉 이제 둘이 아니요 한 몸이니 그러므로 하나님이
짝지어주신 것을 사람이 나누지 못할지니라 하시더라 막 10:6-9

# 신뢰하면서
# 떠나보내다

큰아들이 결혼해서 내 곁을 떠났다.

아들의 첫 번째 우선권은 이제 내가 아니다. 그의 아내다.

나는 아이들이 어렸을 때부터 그렇게 가르쳤다.

아들이 자기 아내와 행복하게 사는 모습을 보는 나는

행복한 엄마다. 이 글을 쓰고 있는 현재, 둘째와 셋째가

20대를 보내고 있다. 벌써 아이들이 20대가 되다니.

이 아이들도 결혼해서 나를 떠날 날이 올 것이다.

〈하나님 아이로 키워라〉

오늘의 질문

"엄마, 아빠랑 사는 동안에 누구 말을 가장 따라야 할까?
그런데 결혼하면 누구와 제일 먼저 의논해야 하지?"

# 점점 더
# 타오르는 사랑

사랑의 불이 활활 타오른다.

시간이 지날수록 불의 힘은 더 강하고 열기는 더 뜨겁다.

어떻게 하면 이런 부부관계를 이룰 수 있을까?

남편이나 아내 누구 한 사람만의 노력으로 되지 않는다.

불을 지피려면 불과 불쏘시개가 필요하고,

활활 타오르게 하려면

불길에 연료를 지속적으로 공급해줘야 하듯이

부부 사랑이 점점 강해지려면

두 사람의 지속적인 노력이 필요하다.

둘이 함께 노력하면 그런 관계를 만들 수 있다.

〈하나님 부부로 살아가기〉

오늘의 묵상

그러나 너희도 각각 자기의 아내 사랑하기를 자신 같이 하고
아내도 자기 남편을 존경하라 엡 5:33

# 행복한 엄마로 살기

아이들 나이에 맞게 내 위치를 바꾸는 양육 방법은
세 아이를 키우는 동안 나를 지켜주었다.
아이들이 갓난아기였을 때,
나는 아기 외에는 아무 생각도 하지 않았다.
아이들이 크면서 앞에서 끌어주다가 천천히 옆으로 갔다.
유년기에는 아이들의 관심사에 관심을 갖고
같은 보폭으로 걸어갔다.
청소년기는 뒤에서 밀어주면서 따라갔다.
하나님을 의지하면서 그 질풍노도를 천천히 따라갔다.
이제는 결혼한 아들의 새 가정을
멀리서 지켜보면서 행복하게 산다.

〈하나님 아이로 키워라〉

오늘의 선택
**평생 행복한 부모가 되겠다.**

# 맞춤 교육을 한다

자녀가 각자의 소질과 재능에 맞게
성장하도록 돕는 것은 부모의 역할이다.
이 역할을 잘하려면,
아이들이 무엇을 좋아하고 잘하는지를 알아야 한다.
자녀의 있는 모습 그대로 소중히 여기면서
각자에게 맞는 맞춤양육을 한다.
세상이 정한 기준이나 획일적인 교육 이론이 아니라,
자녀 각각의 소질과 재능을 따라 다르게 양육한다.
학습 진도도 옆집 아이가 아닌 우리 집 아이가 기준이 된다.
우리 집 아이들도 아이마다 다르다는 것을 인정한다.

〈하나님 아이로 키워라〉

오늘의 대화
**각자 잘하거나 좋아하는 것을 말한다.**

# 당신은 내 친구!

아내는 말을 처음 배운 사람처럼 끊임없이 말했다.

마치 말하기 위해 결혼한 여자 같았다.

학교 가는 길에 핀 풀꽃이야기를 또 했다.

내가 웃으면서 쳐다보았더니 아내도 따라 웃었다.

"아, 맞다. 그 이야기는 했었지.

그래, 이제 다 말한 것 같아.

당신과 결혼해서 이렇게 얘기할 수 있어서 참 좋아.

마음속 깊은 곳이 환한 빛으로 채워지는 기분이야.

여보! 당신은 내 친구야. 진짜 내 친구.

이제 외롭지 않아서 좋아."

〈하나님 부부로 살아가기〉

오늘의 대화

**어렸을 때 좋았던 일 나누기**

# 날마다 죽어야
# 끝까지 산다

'내가 죽는다'라는 말은
'내 감정과 내 고집과 내 판단과 신념대로 살지 않고
오직 주님을 따라 살겠다'라는 결정이다.
자신의 의지, 생각, 감정과 말, 육체와 삶의 모든 방식까지
전부 자연인이 아닌 성령의 사람으로 살겠다는 고백이다.
이 고백은 자신이 그리스도의 사람임을 증명한다.
특히 끝까지 사이좋은 부부로 살게 하는 비결이다.
날마다 죽는 남편과 아내는
끝까지 행복한 부부로 살게 된다.

〈하나님 부부로 살아가기〉

오늘의 암송

**나는 날마다 죽노라** 고전 15:31

# 대화 장소도 중요하다

가만히 돌아보니 차에서 대화할 때는 대부분 좋지 않았다.

우리 둘 다 바빠지면서 대화할 시간이 필요했고,

그 당시에 어려운 결정이 밀려오고 있었다.

집에서 이야기하다 보면 아내가 대화 중간에 다른 일을 했고,

어렵게 꺼낸 내 이야기가 마무리되지 못했다.

결국 내가 찾은 방법이 차에서 이야기하는 것이었다.

자동차 안에서는 적어도 아내가 다른 일을 하거나

다른 곳으로 가지 않으니까.

그런데 이번에도 대화하다 싸우고 말았다.

〈하나님 부부로 살아가기〉

오늘의 관찰
**대화하다가
다투게 되는 장소 찾기**

# 용서는 약이다

나는 가끔 속으로 '남편을 용서합니다'라고 말한 다음에
기도한다.
'주님, 우리 남편을 용서해주세요.
그리고 저를 용서해주세요.
우리 부부를 용서해주세요.'
전심으로 주님을 의지해서 기도를 이어간다.
'왕이신 주님, 우리를 다스리소서.
특별히 제 감정과 생각과 말을 다스려주소서.'
이렇게 기도하면 내가 살고 남편이 산다.
용서는 연약하고 부족한 내가
우리 부부를 살리는 처방이다.

〈하나님 부부로 살아가기〉

오늘의 명언
**용서는 약이다. 자신을 낮게 하고
가족을 치료하는 가정상비약이다.**

# 장소에 맞는
# 대화 내용이 따로 있다

대화가 공간의 영향을 받는다는 것을 알았다.

그래서 운전 중의 대화와 산책할 때의 대화를 구분했다.

거실과 침실의 대화도 각각 구분했다.

장소를 구분해서 대화하는 법이 처음에는 익숙하지 않았다.

그러나 이야기하다가 싸우고 싶지 않았다.

장소에 따라 내용을 달리하는 대화가 습관이 되도록

서로 노력하다 보니 점점 나아졌다.

이제는 차를 타면 자연스럽게 말씀 묵상을 나눈다.

묵상을 나누면서 싸운 적은 없다.

〈하나님 부부로 살아가기〉

오늘의 결정

장소에 따른
우리 부부의 대화 주제는?

# 부부는 용서하며 산다

부부가 싸우지 않고 계속 사랑하는 방법이 있다.

세월이 지날수록 사랑이 깊어지게 할 수 있다.

그것은 배우자를 용서하고 감사하는 일이다.

그중에서 용서는 소중한 배우자를 끝까지 사랑하도록

마음을 치료하는 약이다.

때로 사랑은 상처를 받는다.

상처받은 사랑은 용서로 치유된다.

그래서 용서는 약이다.

사랑을 회복시키는 약이다.

부부는 서로에게 상처를 주지만 용서로 치료할 수 있다.

〈하나님 부부로 살아가기〉

오늘의 말씀

**일곱 번을 일흔 번까지 용서하라.**

# 남편의 확신이
# 아내의 확신이다

"내가 당신을 따라 이곳을 떠나는 것이

그렇게 어려운 일이 아니야. 당신 표정에서 확신을 보았어.

남편의 확신이 아내의 확신이잖아.

그동안 내가 무조건 따라나서기만 하지는 않았어.

당신이 기억하는지 모르지만,

어떤 때는 내가 당신 말에 거절한 경우도 있었지.

그때는 왜 그랬는지 알아?

도무지 당신에게서 확신을 찾지 못했어.

앞으로도 나는 똑같을 거야.

당신이 확신하면 나는 어디든지 함께 갈 수 있어."

〈하나님 부부로 살아가기〉

오늘의 성찰

**아내에게 확신을 주고 있는가?**

# 허물 덮는 사랑

얼굴을 닦으려고 수건에 손을 뻗었다. 축축했다.

전 같았으면 습관을 고치라고

남편한테 거듭 잔소리를 했겠지만, 지금은 아니다.

허물을 덮는 사랑을 실천하고 있다.

조용히 젖은 수건을 들고 세탁실로 향한다.

간혹 그가 깜박한 변기물도 지적하지 않고 내가 내린다.

차 키를 두고 나갔다가 다시 들어와도 비난하지 않는다.

그냥 덮어준다.

〈하나님 부부로 살아가기〉

오늘의 말씀

**허물을 덮어주는 자는 사랑을 구하는 자요
그것을 거듭 말하는 자는
친한 벗을 이간하는 자니라** 잠 17:9

# 부부가 함께 가려면

1. 아내에게 중요한 제안을 하기 전에
   먼저 충분하게 기도한다.
   그러면 목소리를 크게 하지 않고 말해도
   아내가 쉽게 따라왔다.

2. 아내의 입장을 이해하고 사랑하는 마음으로 제안한다.
   아내 사랑이 동기라면 남편의 말은 힘이 있다.
   아가서의 남자는 "사랑한다"라고 먼저 말하고
   "나에게로 오라", "나와 함께 가자"라고 말한다.
   새로운 곳으로 갈 때마다 나는 그곳에서 살게 될
   아내에게 어떤 유익이 있는지 찾는다(아 2:10).

   〈하나님 부부로 살아가기〉

오늘의 명언

**기도와 사랑이 먼저다.**

# 나보다 나를
# 더 잘 아시는 주님

누구든지 선택의 자유가 있다.

결혼 상대를 결정하는 것도 자신의 선택이다.

내가 원하는 사람을 선택할지,

하나님이 예비하신 짝을 선택할지 본인이 결정한다.

나는 주님이 나를 나보다 더 잘 안다고 믿는다.

누가 내 배우자로 적합한지도 주님이 더 잘 아신다고 믿었다.

그래서 기도했다. 그분을 바라보고 있었다.

그분을 바라보고 있었기에

그분의 손을 잡고 온 그를 알아볼 수 있었다.

그래서 그를 선택했다.

〈하나님 부부로 살아가기〉

오늘의 믿음

**나보다 나를 더 잘 아시는 주님을 의지합니다.**

# 아내를 사랑한다는 것

**22**
**2** FEBRUARY

어떤 사람이 좋은 남편이 되겠다고 다짐하고
집에 가서 아내에게 말했다.
"여보! 사랑해."
이때 아내가 '여보, 고마워요. 나도 당신을 사랑해요'라고
말하면 좋을 텐데 남편의 말을 듣자마자 아내가 말했다.
"그럼 베란다를 치워주세요."
베란다를 청소하고, 전등을 갈아주고, 빨래를 널어주는 것과
남편의 사랑은 무슨 관계가 있는가.
집안일이 쌓이면 아내는 피곤하고 일이 많아진다.
남편이 도와주면 자신이 사랑받는다고 느낀다.

〈끝까지 잘 사는 부부〉

오늘의 아내 사랑
**집안일 하기**

# 잠을 자게 하라

아이들이 짜증을 내는 것은 대부분
부족한 잠으로 인한 피로 때문이다.
이러한 원인을 외면하고 현상만 부각하면
아이들은 더 스트레스를 받는다.
잠을 충분히 자면 짜증도 줄고 집중력도 좋아진다.
책을 한 권 읽어도 몰입해서 읽을 수 있다.
아이들의 건강한 육체와 건전한 정신발달을 위해
충분한 수면은 필수다.
자녀의 충분한 수면을 보장해주는 일은 부모의 역할이다.

〈하나님 아이로 키워라〉

오늘의 살림
**내 아이는 잠을 충분히 자고 있는가?**

# 당신 정말 잘했어

누구든지 장점과 단점, 강점과 약점이 있다.

장점은 원래 잘하던 것이어서 조금만 노력하면 더 잘 된다.

단점을 개선하기는 쉽지 않다.

사실 단점은 자기 자신도 고쳐보려고 노력하지만,

다른 사람이 자신의 단점을 말하면 지적받았다고 느낀다.

그래서 자꾸 그런 사람을 피하게 된다.

그 사람이 아내여도 마찬가지다.

남편은 먼저 장점을 인정받고 격려받아야

단점과 약점을 고칠 의욕이 생긴다.

남편이 아내에게 간절히 원하는 말이 따로 있다.

〈끝까지 잘 사는 부부〉

오늘의 축복의 말
**"당신, 정말 잘했어."**

# 요리를 함께하자

나는 아이들에게 식재료 고르는 법을 알려주었다.
함께 음식을 만들면서 요리와 친숙하게 했다.
자연스럽게 음식과 건강에 관심을 갖게 했다.
아이들은 무엇보다 엄마인 나와
대화 할 수 있는 일이 많아서 좋다고 했다.
어느 날, 큰아들이 생일 선물로
프라이팬을 사달라고 해서 놀랐다.
태권도와 롤러블레이드를 즐기는 아들이
어느새 요리사 분위기를 풍겼다.
요리는 아들딸이 모두 꼭 배워야 하는 필수과목이다.

〈하나님 아이로 키워라〉

오늘의 가족 시간
**엄마의 주요 레시피 공개발표**

# 현명한 아내가 되는 법

첫째, 남편의 장점은 남편에게 말하고,
남편의 단점은 하나님께 기도한다.

둘째, 남편의 강점과 장점에만 주목한다.
모든 일은 장점이 발휘되고, 강점이 활용될 때 잘 된다.
약점과 단점은 우리를 겸손하게 하고,
다른 사람의 필요를 느끼게 할 뿐이다.
약점 때문에 될 일이 안된 것이 아니다.
그 일이 잘 안된 것은 강점이 발휘되지 못한 것이다.
그래서 강점을 인정하고 장점을 격려하는 것이
남편을 돕는 가장 현명한 방법이다.

〈끝까지 잘 사는 부부〉

오늘의 관찰
**남편의 강점 찾기**

# 탄산음료 대신
# 물을 주어라

하루는 막내아들과 이웃집을 방문했다.

"혹시 물을 마실 수 있을까요?"

"콜라를 줄까?"

"아니요. 저는 물이 좋아요."

"그러니? 좀 특이하구나. 네 나이에 콜라를 안 마시다니."

〈하나님 아이로 키워라〉

오늘의 관찰

**냉장고에서 이별해야 할 것 찾기**

# 당신은 좋은 배우자가
# 될 수 있다

배우자의 단점을 지적하고 비판하면
자신이 먼저 영향을 받는다.
자기가 한 말은 자신에게 가장 잘 들리기 때문이다.
잔소리하는 사람이라는 이미지를 갖게 된다.
그러나 배우자의 단점을 하나님께만 말하면서 기도하면
'믿음 있는 좋은 배우자'라는 이미지를 스스로 갖게 된다.
더구나 기도하는 사람은 하나님을 의지하기에 평안을 얻는다.
여유로운 태도로 배우자를 대할 수 있다.

〈끝까지 잘 사는 부부〉

오늘의 기도

배우자의 약점을 긍휼히 여겨주소서.
배우자의 단점을 은혜로 덮어주소서.

# 건강한 음식을 먹이자

모든 부모는 자기 자녀가 아프지 않고
건강하게 자라기를 바란다.
그러나, 좋은 음식과 나쁜 음식을
선별해서 먹이는 부모는 많지 않다.
음식은 곧 그 사람이다.
건강한 음식이 건강한 사람을 만든다.
체력이 약하면 정신력도 떨어진다.
음식은 건강관리의 기본이다.
조금만 신경을 쓰면 건강한 음식을 먹을 수 있다.
어린 시절에 만들어진 식습관은 평생 영향을 미친다.

〈하나님 아이로 키워라〉

오늘의 결단

**식탁에서 나쁜 음식 치우기**

# 마지막을 잘 보내는 법

친정엄마는 2개월밖에 못 산다고 선고받은 말기 암 환자였다.

주님 앞에서 마지막을 잘 보내고 싶다며,

항암치료를 받는 대신 집으로 왔다.

그리고 저녁 9시마다 예배를 드렸다.

찬송가를 부르고 성경을 읽고 기도를 시작했다.

교회와 성도를 위해 하나님께 아뢰고,

마을 사람의 이름을 부르며 구원을 위해 간구했다.

마지막으로 30명이 넘는 가족의 이름을

한 명씩 부르며 기도했다.

그렇게 하루도 빠짐없이 이 기도시간을 지켰다.

그렇게 7년을 더 사셨다.

〈기도는 죽지 않는다〉

오늘의 생각

**마지막을 어떻게 보낼까?**

# 직업선택의
# 자유를 주라

직업은 다양하다.

우리 아이들을 필요로 하고 그들이 기여할 수 있는 일은 많다.

부모가 과시욕만 버리면 아이들은 자유롭고 행복하게

직업을 선택할 수 있다.

부모가 살아온 과거와 자녀들이 살아갈 미래는

전혀 다른 시대이다.

자녀들이 스스로 자신의 직업을 선택할 자유를 주어야 한다.

그래야 하나님나라의 군사로 승리하는 멋진 삶을 살게 된다.

〈하나님 아이로 키워라〉

오늘의 대화

**AI시대의 미래 직업에 대하여**
**아이들과 조사하고 대화한다.**

# 습관을 따라 기도하신
# 예수님을 닮자

그리스도인은 예수님을 닮아가는 사람이다.

예수님의 무엇을 닮아야 할까?

그중의 하나가 '습관을 따라 기도하는 것'이다.

하나님의 아들인 예수님이

사람으로 오셨다는 확실한 표시는 기도다.

그분은 기도하심으로 하나님과 동행하셨다.

우리가 하나님과 동행하며 살 수 있는

좋은 방법을 분명하게 보여주셨다.

예수님처럼 기도습관을 갖고 있으면

우리는 예수님을 따르는 참된 그리스도인이 된다.

〈기도는 죽지 않는다〉

■ 오늘의 결정
**기도시간 정하기**

# 자녀는 화살이다

자녀는 화살이다(시 127:4).

화살은 목표물을 향해 정확히 날아가야 한다.

자녀도 결국은 부모를 떠나

자기 부르심을 따라 살아야 한다.

화살은 무기이므로 적진을 향해 쏜다.

그리스도의 군사인 우리의 자녀도 적진으로 보내야 한다.

거짓과 어둠, 상처와 고통, 아픔과 슬픔이 있는 곳을 향해

날아갈 수 있도록 잘 양육하고 교육하자.

그래서 생명과 복음의 화살, 진리와 빛의 화살,

치유와 회복의 화살로 쏘아 보내자.

〈하나님 아이로 키워라〉

오늘의 질문

**너는 어떤 화살이 되어 어디로 날아가고 싶니?**

# 남편의 구원을 위한 기도

하나님 아버지, 감사합니다.

이 사람을 제 남편으로 주신 주님을 찬양합니다.

그럼에도 불구하고 제가 때로

그의 자존심을 상하게 했습니다.

용서해주소서.

남편이 구원받길 원합니다.

교회에서 남편과 함께 앉아 예배하길 소망합니다.

아이들에게 성경 이야기를 들려주는

남편의 모습을 소원합니다.

이 모습이 실상이 되게 해주옵소서.

주님, 남편의 상처를 치유해주시고

주님 안에서 기쁨과 평안을 맛보며 행복하게 살게 해주세요.

예수 그리스도의 이름으로

남편을 축복하며 기도합니다. 아멘.

〈기도는 죽지 않는다〉

날마다 행복한
# 우리집
365

# 11

NOVEMBER

좋은가정TV

# 엄마의 말보다
# 더 힘이 있는 것

잘못된 이론으로 형성된 아이의 견고한 진을 깨는 무기는
엄마의 말이 아니다. 그 무기는 하나님의 능력이다.
즉 강력한 성령의 힘이다.
그래서 엄마는 위기와 위험에 처한 자녀를 위해 기도하되
성령을 부어달라고 해야 한다.
성령이 자녀의 의지와 감정을 다스리고
잘못 형성된 가치를 깨면
아이는 스스로 하나님의 뜻을 깨닫게 된다.
견고한 진에서 나와 밝은 빛을 보게 된다.

〈하나님 아이로 키워라〉

■ 오늘의 명언

견고한 진을 깨는 무기는
엄마의 말이 아니라 성령의 능력이다.

# 자녀를 위한 기도

하나님 아버지,

제게 자녀를 선물로 주셔서 감사합니다.

때로 아이로 인해 불평했던 것을 용서하소서.

주님, 우리 자녀에게 성령을 부어주소서.

성령으로 거듭나게 해주소서.

스스로 성령의 힘과 능력을 구하며

성령과 말씀에 복종하며 살게 해주소서.

또한 주님을 아는 지혜의 복을 주소서.

선과 악을 분별하는 분별력을 주소서.

선을 택할 줄 아는 용기를 주소서.

선을 실행할 줄 아는 믿음을 주소서.

예수 그리스도의 이름으로

우리 아이를 축복하며 기도합니다. 아멘.

〈기도는 죽지 않는다〉

날마다 행복한

우리집

365

3

MARCH

좋은가정TV

# 성령은
# 기도의 영이다

성령은 우리 안에서 우리를 위해 친히 기도하시며,
모든 일이 합력하여 선을 이루게 하신다.
기도가 필요한 사람을 생각나게 하시며,
기도할 내용을 미리 알려주신다.
가족을 위해 기도할 마음이 일어나지 않거나
어떻게 기도할지 모를 때는
기도의 영이신 성령을 의지해서 아래와 같이 기도한다.

〈기도는 죽지 않는다〉

● 오늘의 기도

기도의 영인 성령님을 의지합니다. 제게 기도할 마음을 일으켜주소서.
누구를 위해, 무엇을 기도할지 가르쳐주소서.

# 자녀를
# 상으로 받았다

하나님은 부모에게 자녀를 상으로 주신다.

엄마 배 속에 잉태된 모든 아기는

하나님이 주신 선물이고 상급이다.

선물은 그냥 받는다. 받기 위해 노력할 필요가 없다.

그런데 상은 다르다.

어떤 일을 잘했을 때 받는다.

수고와 노력이 들어간다.

부모가 받는 상을 태의 열매라고 성경은 말한다.

생육하고 번성하라는 하나님의 명령을 따른 일은 잘한 일이다.

그래서 하나님은 엄마의 태에 자녀를 열매로 주셨다.

〈하나님 아이로 키워라〉

오늘의 격려

**부모인 자신을 격려하기**
**"너는 참 잘하고 있어."**

# 생각나게 하시는 성령님

부모님이 2주 간격으로 돌아가셨다.
나는 슬픔을 이기지 못하고 쓰러졌다.
그러던 어느 날, 갑자기 새로운 힘이 났다.
강의하기 위해 집을 나서는데,
오랜만에 지인에게서 전화가 왔다.
요즘 내가 계속 생각나서 기도했다고 했다.
그 분의 기도로 내가 살아난 것을 알게 되었다.
그 후, 나도 누군가 생각나면 그를 위해 기도하라는
성령의 신호인 줄 알고 즉시 기도하게 되었다.

〈기도는 죽지 않는다〉

● 오늘의 순종

**오늘 생각나는 사람을 위해 기도하고 연락하기**

# 상으로 와주어
# 고마워

셋째를 임신한 나는 성경을 공부하면서 깨달았다.
또 한 명의 아이를 상으로 받았구나!
배에 손을 얹고 하나님께 감사했다. 태아를 향해서도 속삭였다.
"너는 나의 상이란다."
아기의 첫 울음소리를 듣는 순간에도
나는 온 힘을 다해 말했다.
"상으로 태어나줘서 고맙구나. 정말 고마워."
아기가 처음 눈을 떴을 때, 한 번 웃을 때,
뒤집기에 성공할 때….
순간순간 엄마는 우주를 정복한다. 자녀는 상이다.

〈하나님 아이로 키워라〉

오늘의 고백
**"너는 나의 상이란다. 상이 되어줘서 고마워."**

# 성령을 의지하며
# 간절히 구한다

가족을 위해 기도하는 사람 누구에게나

기도 과정 중에 어려운 일이 일어날 수 있다.

그때는 더욱 성령을 의지하고 간절히 기도해야 한다.

무슨 일이 있어도 뒤로 물러나지 않고 기도하면,

하나님의 역사를 경험한다. 환난을 통해 가족들이 주님께

돌아오거나 하나님과 친밀한 관계가 회복된다.

성령님은 선을 이루시는 분이다.

우리의 연약함을 아시고 도우신다.

어떻게 기도할지 모를 때에도 성령님은 탄식하시면서

우리 가족을 위해 기도하신다.

〈기도는 죽지 않는다〉

● 오늘의 묵상

이와 같이 성령도 우리의 연약함을 도우시나니
우리는 마땅히 기도할 바를 알지 못하나
오직 성령이 말할 수 없는 탄식으로 우리를 위하여
친히 간구하시느니라 롬 8:26

# 자녀를 상으로 주신
# 하나님, 감사해요

멀미보다 지독한 입덧을 견디고 불러오는 배를 부여잡고
뒤뚱거리면서도 자랑스럽게 내밀고 다닌 일에도
잘했다고 위로해주신다.
죽을 것 같은 산통에도 포기하지 않은 엄마들에게
상 받을 만하다고 하나님이 칭찬하신다.
그 열매와 위로와 칭찬이 아이들이다.
아이를 잘 키우기 위해 자신을 온전히 쏟아붓는 엄마에게
기뻐하라고 자녀를 주신다.
위로와 격려를 받으라고 자녀를 주신다.
헛되지 않은 생의 감동을 누리라고 자녀를 상급으로 주신다.

⟨하나님 아이로 키워라⟩

오늘의 할 일
**받은 상을 누리기**

# 기도 향로

가족을 위한 당신의 기도 향기가 얼마나 쌓였는지
향로에 표시하자.
기도는 향기라고 성경에서 말한다.
그 기도 향기가 담기는 곳이 보좌 앞에 있는 금향로이고,
향기가 다 채워져서 부어질 때,
하나님의 응답이 임한다(계 5:8, 8:3-5).
가족을 위한 기도 향로는 어느 정도 채워졌는가?

〈기도는 죽지 않는다〉

■ 오늘의 암송

그러므로 내가 너희에게 말하노니
무엇이든지 기도하고 구하는 것은 받은 줄로 믿으라
그리하면 너희에게 그대로 되리라 막 11:24

# 엄마가 감격한 날

유아부 예배를 마치고 나오는 막내아들이 말했다.
"예수님이 우리 대신 죽으셨대요.
저는 '우리 엄마를 위해 죽을 수 있어요'라고
전도사님에게 말했어요."
완벽한 부모가 없듯이 나도 마찬가지다.
소리도 지르고, 모르는 것도 많고, 실수도 한다.
엄마의 부족함을 아이가 모를 리 없다.
그런데도 자신이 대신 죽을 수 있을 만큼
엄마를 사랑한다고 고백하다니.
막내아들과 대화하면서 나는 감격했다.
아들은 내가 받은 상이 분명했다.

〈하나님 아이로 키워라〉

오늘의 회상

**나를 감동시킨 아이의 말은?**

# 기도 알리미의 유익

캘린더북, 식탁 달력, 말씀 액자나 십자가뿐 아니라
기도를 생각나게 하는 도구나 장소는 무엇이든
기도 알리미가 된다.
그것을 보거나 지나칠 때마다 같은 내용으로 기도하면 된다.
그러면 응답이 될 때까지 기도를 쉬지 않게 된다.
특히 아직도 주님께 돌아오지 않은 사람이 있다면
기도하기를 쉬지 말아야 한다.
그러기 위해 기도 알리미를 정하면 큰 도움이 된다.

〈기도는 죽지 않는다〉

● 오늘의 결정
가족 구원을 위한 기도 알리미 정하기

# 아이들의 엄마는
# 너뿐이란다

온종일 아이들 뒤만 졸졸 따라다니니 쓸쓸했다.

"거기 가면 안 돼. 넘어질라."

"또 뭘 주워 먹었니?"

작은 애를 유모차에 태우고,

뛰어다니는 큰아이에게 소리 지르다 말고 고민에 빠졌다.

'하나님, 제가 지금 잘하고 있는 걸까요?'

그때 하나님이 조용히 대답하셨다.

'지금 너만이 할 수 있는 일을 하고 있단다.

이 아이들의 엄마는 너뿐이란다.'

그날부터 엄마로서 나를 새롭게 받아들였다.

〈하나님 아이로 키워라〉

**오늘의 명언**

**엄마는 세상에서 가장 고귀한 부르심이다.**

**25**
10 OCTOBER

# 끝까지
# 사랑할 수 있다

끝까지 사랑하며 함께 살 수 있을까? 많은 부부의 고민이다.
그럴 수 없을 것 같다는 불안과 그랬으면 좋겠다는
소망이 함께 담긴 물음이다. 예수님은 자신의 삶을 사셨다.
사람의 배신 때문에 흔들리거나 마귀의 계략에 의해
십자가를 지신 것이 아니다.
예수님처럼 우리도 언제나 하나님 앞에서
자신의 삶을 살면 된다.
배우자 때문에, 배우자에 의해 사는 것이 아니라
각자 하나님 앞에서 살 때
서로 끝까지 사랑하며 살 수 있다.

〈끝까지 잘 사는 부부〉

■ 오늘의 결심
**하나님 앞에서 산다.**

# 6
**3 MARCH**

# 내 자녀가 나의 말 때문에
# 상처받는 일은 없게 하자

청년 사역하면서 부모의 말 때문에 상처받고
좌절한 사람이 많다는 것을 알게 되었다. 그때마다 결심했다.
'내 자녀가 나의 말 때문에 상처받는 일은 없게 하자.'
나는 화가 나거나 내 결심과 다른 말이 나오려 할 때는
심호흡을 한 후에 대처했다.
'하나, 둘, 셋.' 숨을 깊이 들이마셨다가 멈추고
다시 길게 내쉬다 보면 화가 가라앉고
나쁜 말은 빛을 잃고 사그라졌다.

〈하나님 아이로 키워라〉

오늘의 결심

내 자녀가 나의 말 때문에
상처받는 일은 없게 하자.

# 싸울 생각을 멈추라

부부는 적이 아니다. 싸움의 대상이 아니다.

부부는 아군이다. 아군과 싸우면 자멸한다.

부부를 싸우게 하고 망하게 하는 진짜 적은 마귀다.

부부싸움을 멈추고, 이 마귀와 싸워야 한다.

마귀는 사람의 생각을 공격한다.

생각은 마귀와 싸우는 전쟁터다.

부정적인 생각이 인격을 사로잡기 전에 물리쳐야 한다.

배우자에 대한 부정적인 생각을 다스리는 것이

마귀를 이기는 일이다.

배우자와의 관계를 지키는 일이다.

〈끝까지 잘 사는 부부〉

○ 오늘의 결심

**배우자에 대한
부정적인 생각을 버린다.**

# 엄마의 감정을
# 다스리는 법

자녀를 가르치다 보면 화가 난다는 말을
엄마들에게 종종 듣는다.
그때는 조용히 방에 들어가서 잠시 쉬라고 조언한다.
편하게 누워 하나님과 대화하면 좋다.
'아버지, 제가 힘드네요. 어떻게 하면 좋을까요?'
짧은 시간이나마 주저리주저리 하나님께 마음을 아뢰다 보면
때로 놀라운 지혜를 얻게 되거나
따뜻한 위로의 음성을 듣게 될 것이다.
그렇게 힘을 내서 방문을 열고 나오면
더없이 사랑스런 아이들을 보게 된다.

〈하나님 아이로 키워라〉


오늘의 배움

**화내지 않는 나만의 방법을 찾는다.**

# 하나님이 하신 일을
# 기억하라

그들을 두려워하지 말고 네 하나님 여호와께서
바로와 온 애굽에 행하신 것을 잘 기억하되
네 하나님 여호와께서 너를 인도하여 내실 때에
네가 본 큰 시험과 이적과 기사와
강한 손과 편 팔을 기억하라 신 7:17-19상

적이 두려울 때 하나님이 하신 일을 기억하면
승리한다는 뜻이다.
결혼생활이 막막하고 힘들 때도
하나님이 함께하신 지난날을 기억하면 극복할 수 있다.

〈끝까지 잘 사는 부부〉

● 오늘의 할 일
하나님이 베푸신 은혜
기억하기

# 엄마는
# 축복의 통로다

그들은 이같이 내 이름으로 이스라엘 자손에게 축복할지니
내가 그들에게 복을 주리라 민 6: 27


민수기의 이 말씀은 우리가 하나님의 이름으로

사람을 축복하면 하나님이 그들에게 복을 주신다는 약속이다.

내가 자녀를 축복하면 하나님이 자녀에게 복을 주신다.

엄마는 축복의 통로다.

엄마가 자녀를 축복하면 자녀는 반드시 복을 받는다.

자녀를 축복하는 기도를 많이 하라.

〈하나님 아이로 키워라〉


오늘의 선포

"내가 우리 아이를 축복하면
하나님이 우리 아이에게 복을 주신다."

# 좋은 일이 더 많다

예수님은 제자 중 한 명에게 배신당했다.

그러나 흔들리지 않고 남은 열한 명의 제자에게 집중하셨다.

비결이 무엇일까? 12=1+11이다.

한 명이 떠났지만 열한 명이 남았다.

떠난 사람보다 남아 있는 사람이 11배나 많다.

우리도 살다 보면 수많은 일을 겪는다.

그런데 잘 생각해보면 좋은 일이 안 좋은 일보다 훨씬 많다.

이것을 기억하면 예수님처럼 자기 길을 계속 갈 수 있다.

결혼생활도 그렇다. 좋았던 일이 훨씬 더 많다.

〈끝까지 잘 사는 부부〉

● 오늘의 할 일
**좋았던 일 11가지 적기**

# 자녀를
# 축복하는 부모

여호와는 네게 복을 주시고 너를 지키시기를 원하며
여호와는 그의 얼굴을 네게 비추사 은혜 베푸시기를 원하며
여호와는 그 얼굴을 네게로 향하여 드사
평강 주시기를 원하노라 민 6:24

이 말씀처럼 우리의 축복의 말과 기도를 통해
하나님의 복이 자녀에게 임한다.
아이가 잉태된 순간부터 축복하라.
태어나서 자라고 청소년이 되고
청년이 되고 장년이 될 때까지 계속 축복하라.
자녀를 축복하는 부모가 되자.

〈하나님 아이로 키워라〉

오늘의 적용

**성경에 자녀의 이름을 넣어**
**축복하기**

# 좋은 기억을
# 선택하라

결혼 30주년을 맞았다. 잘못한 일과 안 좋은 일도 있지만
잘한 일과 좋은 일이 훨씬 더 많다.
이렇게 생각하니 하나님께 감사하고 배우자에게 고맙다.
나 자신도 자랑스럽다.
무엇을 기억할 것인가는 자신의 선택이다.
좋은 기억을 선택하지 않으면 좋지 않은 기억이
떠오르기 마련이다.
실수만 기억하면 소극적인 사람이 되고,
상처받은 것만 기억하면 자존감이 떨어진다.
좋은 일을 기억하면 자신감이 생긴다.
그래서 앞날도 좋아진다.

〈끝까지 잘 사는 부부〉

■ 오늘의 대화
**지나온 날의 좋은 일 말하기**

# 자녀는
# 하나님의 빛이 필요하다

하나님 얼굴의 빛이 비춰지면
우리 안에 있는 좋은 것이 살아난다.
성품과 지혜가 살아나고 움츠리고 있던 재능이 깨어나고
은사가 발휘된다.
상처가 치유되고, 흔들리던 정체성도 확고해진다.
어디 그뿐인가. 갈 바를 찾게 되고 해야 할 일을 하게 된다.
주의 얼굴빛이 비칠 때 그들은 살아난다.
빛이 꽃을 피게 하듯, 아이들의 삶이 피어난다.
자녀를 축복하며 기도하라.

〈하나님 아이로 키워라〉

오늘의 기도
"우리 아이에게
주님의 얼굴 빛을 비춰주소서."

# 대화를 망치는
# 작은 여우

우리 부부의 대화에도 작은 여우가 있었다.

단어에 민감한 나는 대화 중에

자꾸 아내가 사용하는 말을 지적했다.

적절한 단어가 있는데 왜 찾지 않냐며 정색을 했다.

그런데 아내는 대화 중에 변하는

나의 표정과 목소리톤을 지적했다.

아무리 좋은 말과 내용일지라도

내가 설교하는 투로 말하면 머리가 아프다며 자리를 피했다.

〈하나님 부부로 살아가기〉

■ 오늘의 할 일

**배우자와 갈등을 일으키는**
**자신의 대화 습관 찾기**

# 자녀의 행복을
# 지켜주는 엄마

아이들은 무언가를 이루었을 때 행복하다.

넘어지기를 반복하다가 뒤뚱거리면서 한 발을 옮겼을 때

세상을 다 걸은 듯 행복해한다.

자기가 직접 신어보겠다며 신발을 내려놓지 않는 아들,

단추를 스스로 채우려는 딸.

신발을 바꿔 신어 걸음걸이가 이상하고,

고사리 같은 손으로 단춧구멍을 맞추느라

많은 시간이 걸려도 기다려주어라.

잘했다고 응원하면 더욱 행복해한다.

그 행복을 지켜주는 엄마가 되자.

〈하나님 아이로 키워라〉

오늘의 관찰
**자녀가 스스로 하고 싶어하는 일은 무엇인가?**

# 침실 대화

침실에서는 무슨 대화를 하면 좋을까 생각하다가
자녀들에 대한 좋은 이야기를 하기로 정했다.
그 이유는 어린 시절 기억 때문이다.
어린 시절, 잠자리에 누워 있으면 안방에서 부모님이
도란도란 이야기하는 소리가 들렸다.
가만히 들어보면 대부분 우리 형제들에 대한 좋은 이야기였다.
나는 부모님 얼굴에 번지는 미소를 떠올리며
'두 분이 우리를 참 많이 사랑하시는구나'라고 생각했다.
그 기억이 참 좋았다.

〈하나님 부부로 살아가기〉

◯ 오늘의 의논
**침실에서 할 대화 정하기**

# 자녀의 성취감을
# 지켜주는 엄마

아이들이 자라면서 스스로 콩 껍질도 벗기고 감자를 씻어
요리도 하며, 여행 짐을 자기가 원하는 방식으로 꾸리고,
공부도 스스로 했다. 진로도 직접 조사하고 선택하게 했다.
때로는 조바심이 나서 내가 빨리 해주고 싶었지만 꾹 참았다.
무슨 일이든 스스로 이루었을 때 맛보는 행복을
아이들에게서 빼앗고 싶지 않았기 때문이다.
아이들이 성취의 기쁨을 맛보도록 기다려주니
나도 여유로운 엄마가 되었다.

〈하나님 아이로 키워라〉

오늘의 여유
**자녀 혼자 할 수 있도록 기다려줄 일은 무엇일까?**

# 하나님,
# 어디에 있을까요?

아이가 광선검을 잃어버렸다.

온 집안을 뒤지며 찾다가 방으로 들어갔다.

잠시 후 풀이 죽은 모습으로 나왔다.

"왜 그렇게 힘이 없니?"

"광선검이 어디 있는지 알려달라고 기도했어요."

"하나님이 뭐라고 하셨는데?"

"가서 자라고 하셨어요…."

"그랬구나. 그럼 자고 내일 찾아보자."

"네. 안녕히 주무세요."아들은 이불 속으로 들어갔다.

"어? 이게 뭐지? 와, 찾았어요!"

아이는 이불 속에서 광선검을 꺼내 들고 환호했다.

〈하나님 아이로 키워라〉

■ 오늘의 대화
**기도응답 나누기**

# 오늘 행복한 아이가
# 내일도 행복하다

내일을 위해 준비만 하면 안 된다.

초등학생이 중학교를 준비하고,

중학생이 되면 고등학교를 준비하고,

어릴 때부터 대학 가는 준비하느라 정신없다면,

그 인생은 준비만 하다가 끝날 수 있다.

오늘 하루를 즐겁고 보람 있게 보내라고

아이들에게 말해야 한다. 인생은 매일이 소중하다.

오늘이 보람 있고 의미 있는 날이다.

행복한 성취를 맛보는 바로 그날이다.

오늘이 행복해야 내일도 행복하다.

〈하나님 아이로 키워라〉

오늘의 명언

**오늘 행복해야 내일도 행복하다.**

# 주님, 저 원피스를
# 입고 싶어요

"엄마, 저기 저 꽃치마….."

가게 안에 걸려 있는 꽃무늬 원피스는 내가 보기에도 정말 예뻤다.

사주지 못해서 나는 미안했다.

그런데 딸은 엄마한테 떼쓰지 않고 하나님께 기도했다.

"하나님, 저 예쁜 옷을 입고 싶어요."

매일 기도했다.

두 달이 되었는데도 그 옷은 팔리지 않고 걸려 있었다.

친정어머니가 다니러 오셨다.

"우리 손녀가 많이 컸구나. 할머니 손 잡고 옷 사러 갈까?"

〈하나님 아이로 키워라〉

● 오늘의 적용

**자녀와 함께 갖고 싶은 것 기도하기**

# 억지로
# 공부시키지 마라

억지로 공부시키지 말고, 아이가 잘하고 있다면서
무조건 달려가게 하지 마라. 언젠가 지치게 된다.
천천히 하도록 속도 조절을 해야 한다.
아이들은 기계가 아니다.
아이들은 오늘을 행복하게 살 권리가 있다.
부모의 무지와 욕심으로 그 행복을 빼앗으면 안 된다.
오늘을 불행하게 하면 안 된다.
오늘 불행한 삶은 내일도 불행할 가능성이 크다.
스스로 즐겁게 공부하는 법을 터득한 자녀가
진정한 성공의 열매를 거둔다.

〈하나님 아이로 키워라〉

오늘의 반성

**아이들은 기계가 아니다. 천천히 하자.**

# 주님,
# 과일이 먹고 싶어요

강화도 외진 곳에서 선교사 훈련학교를 섬길 때였다.

밤중에 아들이 과일이 먹고 싶다고 했다.

나도 둘째 아이 임신 중이라 과일이 먹고 싶던 차였다.

우리 방에는 과일이 없었다.

"엄마랑 같이 기도할까?"

"좋아요, 엄마."

아들은 내 옆으로 바짝 다가와 두 손을 모았다.

"하나님 아버지, 과일이 먹고 싶어요."

다음 날 아침에 방문을 열었다.

귤과 사과와 바나나가 가득 담긴 바구니가 거기 있었다.

〈하나님 아이로 키워라〉

● 오늘의 적용

**자녀와 함께 먹고 싶은 것 기도하기**

# 가족이 함께 있는 곳이
# 집이다

수없이 이사 다니면서 아내는 세 명의 아이를 낳았다.

임신 말기에도 이사하고, 출산 한 달 만에 집을 옮기기도 했다.

아내는 출산할 장소를 위해 염려하면서도

우리의 삶에 대해 불평하지 않았다.

가족이 함께 있는 곳이 집이라고 말했다.

그래서 우리 가족은 언제나 집에 있다며 늘 감사했다.

아내의 그런 긍정적인 분위기 때문에

아이들도 언제나 밝고 건강하게 자랐다.

아내의 태도가 아이들에게 좋은 영향을 준 것이 분명했다.

〈하나님 부부로 살아가기〉

오늘의 선언

**가족이 함께 있는 곳이 집이다.**

# 네 자녀를
# 노엽게 하지 말라

부모는 자녀가 낙심하지 않고
자신감을 갖고 자라도록 도와야 한다.
자녀는 언제 부모님에게 상처를 받고 분노하는가.
그것을 알아야 자녀를 노엽게 하지 말라는 명령을
지킬 수 있지 않겠는가.
그래서 나는 자녀양육을 강의하면서 부모들에게 질문한다.
"어린 시절로 잠시 돌아가봅시다. 그때 여러분의 부모가
어떻게 했을 때 상처받고 화가 났었나요?"
그중에서 가장 많은 사람의 대답은
'부모가 싸울 때'였다.

〈하나님 부부로 살아가기〉

■ 오늘의 외침
**"배우자와 싸우지 말자."**

# 나는 내 삶을 산다

이사를 자주 다녀서 안정감이 없을 때도
나는 남편에게 불만을 품지 않았다.
집 없이 떠돌아다니고 춥고 배고파서 서럽고
외로운 시절에도 나는 불평하지 않았다.
내 삶이기 때문이다.
남편을 따라 산다거나 그에게 끌려다닌다고 생각했다면
그를 원망하며 불만을 쏟았을 것이다.
하나님 앞에서 내 부르심으로 살았기에 내 삶을 사랑했고,
가족을 사랑하며 함께 왔다.
나는 내 삶을 살았다.
그것이 나를 지키는 힘이 된다.

〈하나님 부부로 살아가기〉

오늘의 결정

**하나님 앞에서
내가 선택한 나의 삶을 사랑한다.**

# 자녀에게 보여주자

부모가 서로 사랑하는 모습을 자녀에게 보여주자.

서로 안아주고 감싸주는 엄마 아빠를 보여주자.

서로 손잡고 기도하는 부모 모습을 보여주자.

서로 용서하고 화해하는 모습도 보여주자.

사랑과 감사를 말로 표현하는 것도 보여주자.

그들이 부모가 되었을 때 떠올릴 수 있는 좋은 모습을

지금 보여주자.

먼 훗날 그들도 좋은 부부가 되기를 노력할 수 있도록

오늘 보여주자.

〈하나님 부부로 살아가기〉

● 오늘의 적용

**자녀 앞에서 배우자를 안아주기**
**자녀 앞에서 배우자를 칭찬하기**

# 집이 없어진 날

내 품에서 잠든 세 살 딸을 내려다보다가 깨달았다.
'예수님도 그랬겠구나.
하나님 아버지 품에 늘 머리를 누이셨겠구나.
그래서 침몰할 것 같은 폭풍 중에서도 단잠을 주무셨구나.'
나는 그때, 예수님처럼 나도 하나님 아버지 품 안에
머리를 둘 수 있음을 깨달으면서
내 길을 끝까지 걸을 수 있었다.


너희는 마음에 근심하지 말라
하나님을 믿으니 또 나를 믿으라
내 아버지 집에 거할 곳이 많도다 요 14:1,2

〈하나님 부부로 살아가기〉

오늘의 대화
**우리 부부의 안정감은 어디에서 오는가?**

# 서로 사랑하라

사랑을 받으려고 결혼하면 좋은 부부가 될 수 없다.

서로 받으려고만 한다면 줄 사람이 없다.

둘 다 채울 수 없게 된다.

반대로 서로 주려고 결혼하면 서로 받게 된다.

아내도 남편도 사랑으로 충만해진다.

때문에 예수님은 우리 모두에게 서로 사랑하라고 말씀하셨다.

받으려고 하지 말고, 주는 사랑을 하라고 하셨다.

그러나 일방적으로 주는 것이 아닌,

서로 주고받는 사랑을 명령하신 것이다 (요 13:34,35).

〈하나님 부부로 살아가기〉

■ 오늘의 순종

**서로 사랑하는 부부로
살겠습니다.**

# 가족 대화의
# 더하기

흙에 정기적으로 거름을 더해주어야 좋은 땅이 된다.

사람도 좋은 말을 들어야 마음이 부드러워진다.

"여보! 내가 무슨 말을 할 때 당신 마음이 부드러워지나?"

"당신이 고맙다고 할 때. 당신은?"

"나도 마찬가지야. 우리 서로에게 감사를 더 자주 말하자."

가족이 하나가 되려면 서로에게 감사를 더해야 한다.

그러면 우리 마음에 예수님의 평화가 찾아와

마음이 부드러워진다.

〈하나님 부부로 살아가기〉

오늘의 할 말

"여보, 고마워요."

# 배우자에게
# 돌아가라

날이 저물고 그림자가 사라지기 전에, 나의 임이여,
노루처럼 빨리 돌아와주세요.
베데르산의 날랜 사슴처럼 빨리 오세요 아 2:17 표준새번역

이 성경구절을 문자 그대로 적용하면,
퇴근하면 집으로 가야 한다는 뜻이다.
남편은 아내를 향해, 아내는 남편을 향해 달려가는 것이다.
몸도 마음도 배우자를 향해
노루처럼 사슴처럼 달려가야 한다.

〈하나님 부부로 살아가기〉

■ 오늘의 결단
**배우자를 향해 달려가겠습니다.**

# 가족 대화의 빼기

열매솎기는 더 좋은 결실을 위해서 과실의 숫자를 줄이는 일이다.

나쁜 열매가 아니어도 과감하게 따서 버려야 한다.

'내가 도와주어야지, 누가 이런 말을 하겠어!'

이런 심정으로 부부는 서로에게 잔소리를 한다.

물론 동기는 도와주려는 마음이다.

그러나 아무리 말해도 효과가 없다.

상대방을 화나게 하고, 나도 말할수록 지친다.

잔소리는 쓸데없이 자질구레한 말이다.

내용이 나쁜 말은 아니지만,

빼서 버려야 하는, 허공을 울리는 소리다.

〈하나님 부부로 살아가기〉

오늘의 결심

**잔소리 안 한다.**

# 좋은 부부가 되면
# 자녀는 잘 자란다

자녀를 잘 키우는 최고의 방법은
부모가 서로 사랑하며 사는 것이다.
아침에 일어나면 서로 안고 인사하는 엄마 아빠가 되자.
서로의 눈을 바라보고 대화하는 부부가 되자.
"여보, 사랑해"라고 자주자주 말하자.
"여보, 수고했어요"라고 말하며 배우자의 어깨를 감싸주자.
좋은 부모가 되려고 노력하기보다
좋은 부부가 되려고 노력하는 부모를 보면
자녀는 잘 자란다.

〈하나님 부부로 살아가기〉

● 오늘의 명언
'좋은 부부가 좋은 부모다.'

# 남편을 살리는
# 아내의 칭찬

남자에게 미래는 부담스러운 '짐'이다.

날마다 짓누르는 무거운 짐을 지고 퇴근한다.

연봉과 사회적 지위와 관계없이 남자들은

내일 떠오르는 태양을 맞이하기가 힘들다.

준비가 안 되어 있다.

그런데 아내에게 "어쩜 그렇게 좋은 생각을 했나요?

당신, 정말 대단해요."

이런 말을 들으면 남자는 살아난다.

내일을 자신 있게 맞이한다.

가족을 위해 다시 한번 힘차게 하루를 출발하는

좋은 남편이 된다.

〈끝까지 잘 사는 부부〉

오늘의 감탄
**"어쩜 그렇게 좋은 생각을 했나요?
당신 대단하네요."**

# 부부의 영적 친밀함

함께 성경을 묵상하고 기도하고 예배하면
영적으로 친밀한 부부가 된다.
무엇보다도 하나님을 사랑할 때
그 사랑이 배우자에게로 흐른다.
가정을 이루는 삼각형의 교훈은
부부가 살아가는 모든 영역에서 도움이 된다.
밑변의 양쪽에 남편과 아내가 있다.
삼각형의 꼭짓점에 하나님이 계신다.
남편과 아내가 하나님께 가까이 갈수록
부부 사이는 서로 가까워진다.

〈하나님 부부로 살아가기〉

● 오늘의 대화
**주일 설교에서**
**은혜받은 것 나누기**

**21**
3 MARCH

# 같이 행복하기

'행복하게 살자' 이것은 내 인생의 표어다.

이것이 나를 지으신 하나님의 창조 목적이기 때문이다.

나는 언제 행복했는가?

내 주변 사람이 행복하면 나도 행복했다.

특히 가족의 행복이 내 행복이었음을 알았다.

그래서 나는 아이들의 행복을 지켜주는 것을

자녀양육의 기준으로 삼고,

남편의 행복을 지켜주는 아내가 되려고 노력한다.

그랬더니 내 행복도 지켜졌다.

〈끝까지 잘 사는 부부〉

오늘의 생각

**어떻게 가족의 행복을 지켜줄까?**

# 참 잘한 일

아내는 지점토 공예를 하던 중에 셋째를 임신했다.
미련 없이 취미활동을 접더니 출산 준비에 들어갔다.
그 짧은 시간의 지점토 공예는 양념 한 스푼처럼
아내에게 인생의 맛을 즐기게 했다.
나는 아내의 작품 중 하나를 액자로 만들었다.
"예수님과 제자들"이라고 이름을 짓고, 식탁 옆에 걸어두었다.
액자를 볼 때마다 그때 내가 아내의 취미생활을 도와주길
참 잘했다는 생각이 든다.

〈하나님 부부로 살아가기〉

● 오늘의 결심

**배우자의 취미생활을 도와주겠다.**

# 부부가
# 오래 살아야 하는 이유

어린 세 자녀를 키울 때,
남편은 국내 사역과 국제 사역으로 매우 바빴다.
나는 책 읽을 시간이 없고, 글쓰기는 엄두도 못 냈다.
시간이 나면 침대에 지쳐 쓰러졌다.
어느 날, 소파에 앉아 책을 읽는데
부엌에서 설거지 소리가 들렸다.
'세상에…. 이런 날도 오는구나!'
설거지하는 남편의 뒷모습이 보였다.
이런 날들이 계속되고 있다.
부부는 오래 살아야 한다고
누군가 말했던 이유를 나도 알게 되었다.

〈끝까지 잘 사는 부부〉

오늘의 소망

오래 살면 배우자의
새로운 모습을 볼 수 있다.

# 행복한 아내를
# 보는 즐거움

아내가 지점토 공예를 시작했다.

나는 아내가 원하는 점토 흙을 사다주고,

서울 고속버스터미널 근처에서 여러 소품을 사다 주었다.

서점에서 찾은 점토공예 책 다섯 권도 선물했다.

아내는 밤낮없이 점토를 매만졌다.

아이들도 엄마와 함께 신나게 공작 놀이를 했다.

나는 한두 번 흙을 주물럭거리다가 내려놓았다.

무엇이 그리 재미있는지 도무지 이해가 안 되었다.

그래도 행복한 아내를 보는 즐거움이 컸다.

〈하나님 부부로 살아가기〉

● 오늘의 언어
**"당신의 행복이 나의 행복입니다."**

# 좋아하는 일을
# 하게 하라

남편이 자전거를 타기 시작하더니,

그의 눈빛은 언제나 반짝였다.

'나는 정말 행복합니다'라고 온몸으로 말했다.

제주도 별도봉을 오르내리며

바다가 내려다보이는 비탈길을 달렸다.

맑은 날 궂은 날을 가리지 않았다.

비바람 부는 날이면 자전거를 더 즐겼다.

남편의 안전을 위한 기도가 저절로 나왔다.

그러나 비가 그치게 해달라는 기도는 하지 않았다.

빗속을 달리고 온 날, 그가 정말 행복해했기 때문이다.

〈끝까지 잘 사는 부부〉

오늘의 교훈

배우자가 좋아하는 일을 하게 한다.

# 빛을 비추는 자녀

어둠이 빛을 몰아낸 것이 아니다.
빛이 없어졌기 때문에 어둠이 들어온 것이다.
하나님의 말씀을 따라 사는 그리스도인은
세상을 비추는 빛이다.
이 빛이 사라질 때 세상은 어둡게 된다.
말씀을 따라 사는 사람이 적어질 때 세상은 어두워진다.
우리가 말씀을 따라 자녀를 양육하는 것은
세상에 소망의 빛을 비추는 것과 같다.
그리스도인의 가정에서 갈고 닦여진
화살 같은 많은 자녀로 인해
원수는 성문에서 수치를 당한다.

〈하나님 아이로 키워라〉

● 오늘의 결심
**세상의 빛으로 키우겠다.**

# 상대가 원하는 물건에
# 관심 갖기

남편이 쇼핑을 싫어하는 줄 알았다.

내가 이불과 그릇매장을 기웃거리면

그는 지친 표정으로 멀찍이 서 있다가 슬며시 다가와 말했다.

"빨리 좀 사고 집에 가지."

어느 날, 남편을 따라 전자상가에 갔다.

남편의 눈이 반짝거렸다.

이번에는 내가 지쳐 쓰러질 것 같았다.

의자에 앉아 남편을 보았다.

들었다 놓기를 반복하고, 살까 말까 고민하는 모습이

나와 똑같았다. 쇼핑을 싫어하는 남편이 아니었다.

〈끝까지 잘 사는 부부〉

오늘의 관심

**내 배우자는 어느 매장을
그냥 지나치지 못하는가?**

# 수치를
# 당하지 않는 자녀

우리 자녀들이 군사가 되어 원수와 담판할 때,

수치를 당하면 안 된다(시 127:5).

기독교인의 수치는 세상 사람들에게

비난과 무시를 당하는 경우다.

세상에서 교회를 비난하는 여러 이유 중

다음 세 가지가 대표적이다.

첫째, 경건을 잃었을 때 수치를 당한다

둘째, 정직하지 않을 때 수치를 당한다

셋째, 진리를 행하지 않을 때 수치를 당한다

〈하나님 아이로 키워라〉

■ 오늘의 기도

경건하고 정직하고
진리를 행하는 자녀이게 하소서.

**25**
**3 MARCH**

# 반대하지 않는다

남에게 대접을 받고자 하는 대로 너희도 남을 대접하라 마 7:12

이 말씀은 인간관계에서 지켜야 할 최고가치,
황금률(黃金律)이다.
이 말씀을 지키면 황금 같은 행복을 누린다는 뜻이다.
내가 남편의 쇼핑 행복을 지켜주었더니,
그도 쇼핑하는 나를 기다려주었다.
그 후로 우리는 서로 사고 싶은 것에 반대하지 않는다.
돈이 있으면 사게 한다.
물론 돈이 없으면 사지 않는다.
다만 언젠가 살 수 있다는 희망은 빼앗지 않는다.

〈끝까지 잘 사는 부부〉

오늘의 지혜
**배우자에게 무조건 안 된다고
말하지 않는다.**

# 오늘
# 승리하는 자녀

원수와 담판하는 것은 영적전쟁을 말한다.

하나님나라를 위해 새로운 일을 할 때는 항상 영적전쟁이 있다.

영적전쟁에서 승리하는 강한 군사가 되어야 한다.

자녀교육은 미래를 위한 교육만이 아니다.

아이들이 커서 어른이 되어야 영적전쟁을 하는 것이 아니다.

어린아이들도 자기 나름대로의 방법으로

날마다 원수와 담판하고 있다.

오늘 승리하는 아이들이 되려면

부모의 기도와 격려가 꼭 필요하다.

〈하나님 아이로 키워라〉

● 오늘의 대화

**믿음으로 승리한 자녀들의 이야기 듣기**

# 기도 담요

조용한 곳에서 기도하고 싶었지만

아이들을 두고 멀리 갈 수는 없었다.

그래서 가벼운 이불 중 하나를 기도 담요로 정했다.

그것을 뒤집어쓰고 기도해보았다.

놀라운 일이 일어났다.

아이들이 바로 옆에서 놀아도 기도에 집중할 수 있었다.

그렇게 몇 달 동안 기도하니 습관이 만들어졌다.

일단 기도 담요를 덮어쓰면

끝없이 이어지던 집안일이 보이지 않았다.

내 시선을 주님께 고정할 수 있었다.

나만의 한적한 기도 장소를 찾았다.

〈기도는 죽지 않는다〉

오늘의 찾기
**나에게 조용한 기도 장소는 어디인가?**

**4**
10 OCTOBER

# 성문을 차지하는
# 자녀

하나님나라를 대적하는 세계관,

음란한 문화, 폭력을 노출하는 미디어,

진리를 혼동하게 하는 거짓 사상들이 성문에 도사리고 있다.

성문에서 원수를 만나 담판하는 것은

새로운 영역을 정복하는 일이다.

많은 사람이 가지 않은 길을 가야 하고,

검증되지 않은 일도 해야 하고, 반대도 극복해야 한다.

그때마다 설득하고 지지를 이끌어내고

포기하지 않고 계속 추진하려면

강한 정신력을 갖추어야 한다.

〈하나님 아이로 키워라〉

■ 오늘의 기도

**원수의 대문을 차지하는 자녀가 되게 하소서.**

# 기도 식탁

가족을 위한 기도 장소로 식탁을 정하면 어떨까.

식탁은 가족들이 일용할 양식으로 몸을 채우는 곳이 아닌가.

그곳에서 영적 필요까지 채울 수 있다면

더할 나위 없을 것이다.

며칠 전에 TV 드라마를 보았다.

식탁에서 밥을 먹으면서 가족이 싸우는 장면이 있었다.

아마 이와 비슷한 집이 있을 것이다.

식탁을 싸움터가 아닌 기도 장소로 바꿀 수 있다.

가족들이 식탁에서 서로를 위해 기도한다면

밥도 더 맛있고, 대화도 더 즐거울 것이다.

〈기도는 죽지 않는다〉

오늘의 가족 대화
**어떤 식탁 분위기를 원하는가?**

# 정신력이
# 강한 자녀

원수는 어둠의 영이고 악한 마귀이다.

성문으로 나가는 우리 자녀들의 길은 험난하다.

우는 사자처럼 울부짖는 원수와 싸워야 하기 때문이다.

어떻게 무장하고, 무엇을 준비해야 할까.

강한 정신력으로 무장하고 뛰어난 적응력이 필요하다.

우리의 자녀들을 그렇게 키워야 한다.

누군가의 말 한마디에 상처받고 주저앉는다면

어떻게 원수와 싸우겠는가?

〈하나님 아이로 키워라〉

◼ 오늘의 결단

**정신력이 강한 아이로 키우겠습니다.**

# 자기 집을
# 비추는 등불

그리스도인은 세상의 빛이다.

이 빛은 가까운 자기 집부터 밝게 비춘다.

불을 켜서 그릇으로 덮어두는 사람은 없다.

나는 예수님이 구원의 등불을

우리 집에서 내게 맨 먼저 밝혀주셨다고 믿었다.

그래서 먼저 믿은 내가 가족에게

빛을 비추는 등불이 되려고 노력했다.

마침내 가족 모두에게 구원과 생명의 빛이 비치게 되었다.

〈기도는 죽지 않는다〉

오늘의 묵상

**사람이 등불을 켜서 말 아래에 두지 아니하고**
**등경 위에 두나니 이러므로 집 안 모든 사람에게**
**비치느니라** 마 5:15

# 기도 달력

아침에 일어나면 맨 먼저 습관처럼 말씀 달력을 넘긴다.
오늘은 '말을 조심하는 것이 진정한 경건'이라는
야고보서 말씀이었다.
달력 내용을 읽고, 거실을 거닐며 기도했다.
나와 가족과 교회와 대한민국과 열방에 사는 사람들이
경건하게 말하도록 기도했다.
양가 가족이 말로 상처받고 오해가 생기는 일이 없도록
기도했다.
말씀 달력은 기도로 하루를 시작하게 돕는
내 기도 알리미이다.

〈기도는 죽지 않는다〉

■ 오늘의 적용
〈날마다 행복한 우리 365〉를
기도 알리미로 사용하기

# 행복한 식탁을
# 소망한다

식탁에서 가족들이 어떤 모습이기를 원하는가.

식사 준비하는 엄마를 돕겠다는 아이들.

맛있는 음식 냄새를 따라왔다는 남편.

스마트폰은 모두 내려놓고, 가족에게만 관심을 갖는다.

손을 잡고 감사기도를 한다.

음식을 만든 엄마와 아내를 위한 축복기도를 덧붙인다.

맛있다는 말이 끝나지 않는다.

아침 식탁에서 가족을 축복하며 하루를 시작하고,

저녁 식탁에서 가족에게 감사하며 하루를 마무리하는

그런 가정을 그려보자.

〈기도는 죽지 않는다〉

오늘의 그림 그리기

**행복한 식탁 모습을 그려볼까요?**

# 우리 부부의
# 기도 알리미

1. 십자가

   남편은 십자가를 차에 걸고 다닌다.

   도로가 막히거나 신호대기 중에 십자가를 보면서 기도한다.

   교통 체증 시간이 기도시간으로 바뀐다.

2. 성구 액자

   내게 기도 알리미는 벽에 걸려 있는 액자다.

   땅의 모든 족속이 너와 네 자손으로 말미암아 복을 받으리라 창 28:14

   액자를 걸어놓고 볼 때마다 기도했다.

   그랬더니 이제는 액자를 보면 기도가 저절로 뿜어져 나온다.

   〈기도는 죽지 않는다〉

● 오늘의 할 일

**가정을 위한 기도 알리미 만들기**

# 기도습관을 만드는
# 쉬운 방법

가족을 위해 기도해야 하는데 너무 바빠서

시간을 내기 어렵다는 사람이 있다.

짧은 시간이라도 꾸준하게 기도하면,

그것이 쉬지 않고 기도하는 것이다.

시계 알람을 사용하면 효과적이다.

알람이 울릴 때마다 기도하면 기도가 익숙해진다.

나는 오후 10:30, 오전 6:30에 가족을 위해

1분 알람 기도를 한다.

알람 기도를 몇 번 하다 보니

그 시간만 되면 기도 생각이 났다. 쉬운 방법이다.

〈기도는 죽지 않는다〉

오늘의 적용

**가족을 위한 알람 기도 정하기**

날마다 행복한
# 우리집
365

# 10

OCTOBER

좋은가정TV

# 교회를 떠난
# 자녀를 위한 기도

하나님 아버지, 이 아이를 제 자녀로 주셔서 감사합니다.

교회를 떠났지만 주님을 떠나지 않은 것을 믿습니다.

이 시간이 아이를 위해 기도할 기회인 줄 알고 감사드립니다.

아이가 교회 공동체의 유익과 아름다움을

다시 볼 수 있도록 인도해주소서.

아이가 평생 창조주를 기억하며 주님 안에서 살게 하소서.

자신의 의지와 마음을 다해 주님을 찬양하고

주님께 기도하는 아이 모습을 상상합니다.

이 모습을 보게 하여 주소서.

예수님 이름으로 아이를 축복하며 기도합니다. 아멘.

〈기도는 죽지 않는다〉

# 아내의
# 행복을 위한 기도

하나님 아버지,

아내는 주님이 제게 베푸신 놀라운 은총입니다.

아내와 함께 사는 복을 주신 주님을 찬양합니다.

때로 아내의 마음을 헤아리지 못한 제 잘못을 회개합니다.

주님, 아내가 언제나 행복하게 살기를 기도합니다.

아내의 아름다움이 제 빛깔을 드러내고

아내에게 주신 향기가 퍼지게 하소서.

아내에게 성령으로 기름을 부으소서.

매일 환하게 웃는 아내의 미소를 지켜주소서.

해같이 맑고, 깃발을 세운 군대같이 당당한 여자로 살게 하소서.

사랑하는 아내를 축복하며

예수님의 이름으로 기도합니다. 아멘.

〈기도는 죽지 않는다〉

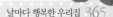

날마다 행복한
우리집
365

4

APRIL

# 기도가 생각나는
# 기도 알리미

"그래? 당신 대단하다.
주유소에 왔다고 차를 사준 형을 생각하다니….
형을 위해 기도하는 당신이 정말 훌륭하네.
주유소에 오면 자동으로 형을 위한 기도가 뿜어져 나오니
이곳이 기도 뿜이네."
"기도 뿜? 맞아, 기도 뿜!"
누군가를 위해 기도할 때,
기도를 잊지 않게 하는 알리미가 있으면 도움이 된다.
그 사람에게 받은 선물, 연관된 물건, 특별한 시간 등
기도를 기억나게 하는 알리미를 만들면 기도를 쉬지 않게 된다.

〈기도는 죽지 않는다〉

오늘의 실천
**나만의 기도 알리미 만들기**

# 천천히 해도
# 괜찮다

나는 아이들이 스스로 할 때까지 기다렸다.

기저귀 떼기와 모유 수유도 그랬다.

세 아이는 자기들이 원할 때까지 모유를 먹었다.

조급한 마음으로 빨리 걷게 하기보다는

충분히 기어 다니게 했다.

한글 공부도 아주 천천히 시작했다.

지금 생각해보면, 대부분 일을 늦게 시작했다.

나는 우리 아이들이 스트레스 없이

행복한 유아기를 보내게 하고 싶었다.

너무 늦는가 싶어 불안할 때는 자녀양육의 좋은 책을 읽으면서

내 생각이 옳았음을 확인했다.

〈하나님 아이로 키워라〉

■ 오늘의 명언
**"천천히 해도 괜찮아."**

# 하나님은 모든 가족의
# 아버지시다

돌이켜보면 도저히 바랄 수 없는 상황에서
믿음으로 그림을 그리고 기도했다.
하나님은 모든 사람이 구원을 받고
진리를 아는 데 이르기를 원하신다(딤전 2:4).
나는 우리 가족이 구원받는 것을 가장 바라는 분이
하나님이심을 확신했다.
그분은 모든 가정의 주인이시고 모든 가족의 아버지이시다.
가족이 구원받고 행복하게 사는 것을 하나님이 더 원하신다.
그래서 우리가 그 소원의 그림을 그리는 것을 기뻐하신다.

〈기도는 죽지 않는다〉

오늘의 기도
저의 소망의 그림이
실상이 되게 해주소서.

# 함께 놀자

가족이 함께 놀면 친밀해진다.

친밀감은 서로를 향한 신뢰로 발전한다.

부모와 충분한 시간을 보내고 함께 놀면서 자란 자녀는

부모의 말을 믿고 따르는 일이 쉽다.

누구나 자신이 신뢰하는 사람의 말을 신뢰한다.

자기가 좋아하는 사람의 말을 좋아한다.

신뢰는 순종을 낳는다.

그래서 자녀가 부모를 신뢰할 때 부모에게 순종하기 쉽다.

함께 많이 놀수록 잘 순종한다.

많이 놀수록 친해지기 때문이다.

〈하나님 아이로 키워라〉

오늘의 의논

**가족 놀이를 자녀와 함께 정한다.**

# 소망의 그림으로
# 기도한 분의 간증

언니가 소망의 그림 기도를 알려줬다.

소망하는 것을 마음속에 그리자고 했다.

내 소원은 한 가지, '아빠'였다. 아빠가 보고 싶다.

밥을 같이 먹고, 손을 잡고 공원을 걷고 싶다.

아빠가 집으로 돌아오면 얼마나 좋을까?

나는 '아빠'를 소망한다고 언니한테 말했다.

언니의 소원도 같다면서 그 그림을

실제로 다이어리에 그리자고 했다.

언니와 나는 색연필을 찾아 맨 먼저 아빠를 그렸다.

그리고 기도를 시작했다.

〈기도는 죽지 않는다〉

오늘의 그림
**소망하는 우리 가정의 모습을
그림으로 그리기**

# 둘만의
# 여행을 하라

아이들은 부모와 함께 놀고 싶어 한다.

놀이 방법은 중요하지 않다.

함께 시간을 보내고 땀을 흘리고 웃으면서

친밀해지는 그 시간이 소중하다.

가족이 함께 놀기도 했지만,

아이들과 한 명씩 따로 보내는 시간도 참 좋았다.

나는 아이 한 명씩 데리고 산책을 즐겼다.

남편도 한국이나 선교 지역을 방문하는 기간에

한 명씩 차례대로 데리고 갔다.

자녀들 각자가 부모의 사랑을 충분히 받게 했다.

〈하나님 아이로 키워라〉

● 오늘의 계획 세우기

**언제 어디로 아이와 단 둘이 여행할까?**

**26**

**9 SEPTEMBER**

# 소망의 그림을 그리며 기도한다

응답될 모습을 미리 마음속으로 그리며 기도한다.
신실하신 하나님은 기도를 듣고 응답하시며
바라는 자에게 상을 주시는 분이다(히 11:6).
바라는 것이 실상이 되도록 소망하며 기도하자.
그렇게 하면 기도를 중간에 포기하지 않는다.
기도하는 날마다 상황을 뛰어넘는 소망이 일어난다.
이 소망이 끝까지 기도하게 하는 힘이다.
결국 하나님의 응답을 받게 된다.

〈기도는 죽지 않는다〉

오늘의 암송
**무엇이든지 기도하고 구하는 것은
받은 줄로 믿으라
그리하면 너희에게 그대로 되리라** 막 11:24

# 가족문화

우리 가족의 여러 가지 문화 중 한 가지를 소개한다.

연초에 하나님의 뜻을 묻고 듣는 기도를 한다.

한 사람씩 앞으로 나와서 가족의 기도를 받는다.

남편과 딸은 하나님의 음성을 들으며

기도 중에 본 그림을 말하고,

나와 아들들은 성경 구절을 통해

하나님의 음성을 듣고 나눈다.

한 명을 위해 네 사람이 받은 하나님의 말씀은

대부분 일치해서 하나의 메시지가 된다.

그것을 기록하고 일 년 동안 기도하며

하나님의 인도하심을 받는다.

〈하나님 아이로 키워라〉

● 오늘의 적용

**특별한 가족문화 만들기**

# 기도제목을
# 물어보자

내가 생각하는 남편은 강한 남자다.

그런데 기도제목을 물었더니 예상 밖의 대답을 했다.

MRI 검사 받을 때 두려움이 사라지도록 기도해달라는 것이다.

두 번째 검사를 앞두고 있었는데,

지난번 검사 받을 때 몹시 긴장했다면서.

먼저 묻지 않았다면 결코 들을 수 없는 대답이었다.

배우자에 대한 고정관념과 편견을 내려놓고,

무슨 기도가 필요한지 질문하자.

연약한 중에도 서로 힘이 되는 좋은 부부가 된다.

〈끝까지 잘 사는 부부〉

오늘의 질문

**배우자에게 기도제목을 물어보기**

# 5
## 4 APRIL

# 특별함은 소중하다

사람마다 특별한 소질과 재능이 있다.
만약 부모가 자기 자녀의 특별함을 인정하지 않고 무시하면
그 아이는 결코 행복한 삶을 살지 못한다.
하나님은 부모에게 전사의 손에 들린 화살처럼
자녀를 맡기셨다.
전사가 무기를 소중히 다루듯
부모도 자녀를 소중히 여겨야 한다.
자녀를 소중히 여긴다는 말은
아이들의 소질과 재능을 알고 발전시켜서
그들의 부르심에 맞게 살도록 돕는다는 뜻이다.

〈하나님 아이로 키워라〉

● 오늘의 관찰
**우리 아이만의 특별한 것은 무엇일까?**

# 기도 시간의 유익

아침에 남편을 위해 기도한다.

그런데 그날은 기도하기 싫었다.

전날 말다툼한 후유증이다.

그래도 약속한 기도 시간이기에 하나님 앞에 앉았다.

기도 시간을 정하면 감정에 상관없이

기도할 수 있다는 사실이 신기했다.

'남편이 마음에 안 듭니다. 하나님은 어떻게 생각하세요?'

그때 성경 말씀이 생각났다.

'이는 내 사랑하는 아들이요 내가 기뻐하는 자라.'

기도하면 남편을 향한 하나님의 마음을

알게 된다는 사실도 놀라웠다.

〈끝까지 잘 사는 부부〉

오늘의 생각

**하나님은 내 배우자를 어떻게 바라보실까?**

**6**
4 APRIL

# 길은 다르고
# 목적지는 같다

내 관심은 아이들의 부르심과 사명으로 점점 옮겨갔다.

'내 아들딸이면서 동시에 하나님 나라의 군사로

잘 키워야 한다.'

이것은 의식주의 필요를 채워주는 기본 양육보다

더 중요한 주제였다.

그리스도의 충성된 군사인 우리는 공통의 부르심이 있다.

바로 천하 만민에게 복이 되는 것이다.

그러나 복이 되는 그 방법은 각각 다르다.

자녀가 자신의 부르심을 발견하고

성취하도록 돕는 것이 부모 역할이다.

〈하나님 아이로 키워라〉

오늘의 대화

**"너의 비전은 무엇이니?**
**엄마의 비전을 알려줄게."**

# 포기하지 말고
# 끝까지 기도하라

쉬지 말고 기도하라 Pray continually 살전 5:17

이는 응답될 때까지 기도를 포기하지 말라는 뜻이다.

배우자를 위한 기도를 시작했다면

응답될 때까지 계속하라.

배우자의 영, 혼, 몸의 필요를 돌아보며

날마다 주님께 아뢰라.

예수님을 믿지 않는 배우자가 있다면

구원받을 때까지 기도를 쉬지 말라.

잘못된 습관을 끊기 원한다면

중간에 기도를 포기하지 말라.

〈끝까지 잘 사는 부부〉

오늘의 준비

**기도 장소를 정한다.**
**기도 시간을 정한다.**

# 자녀는
# 하나님나라의 군사다

아이들은 자라면서 어떤 분야에 특별한 호기심과
관심을 갖기 시작했다.
나는 그 작은 싹을 무시하지 않고 주의를 기울였다.
물론 아이들의 관심사는 다양했고, 또 자주 바뀌었다.
당연했다. 그 관심들이 넓어지고 깊어지면서
조금씩 성장하더니, 소질과 재능이 되었다.
모든 아이가 자신의 소질을 발견하고 재능을 키워서
열매를 나누기를 소망한다.
많은 사람을 돕고 섬기라고 부르심을 받은
하나님 나라의 군사이기 때문이다.

〈하나님 아이로 키워라〉

　■ 오늘의 다짐
**자녀의 특별한 관심을 응원한다.**

# 배우자를
# 축복하며 기도하라

건강을 잃거나 재정적인 압박이 심하거나
진로가 꽉 막힐 때도 있다.
사방으로 욱여쌈을 당한 것 같다.
그러나 모든 문이 동시에 닫히지는 않는다.
어떤 상황에서도 부부가 서로 원망하거나 불평하지 말자.
오히려 축복하자.
아내가 남편을 축복하면 하나님이 남편에게 복을 주신다.
남편이 아내를 축복하면 하나님이 아내에게 복을 주신다
(민 6:27).

〈끝까지 잘 사는 부부〉

오늘의 기도

우리 부부를 지켜주소서.
주님 얼굴의 빛을 비추사 은혜를 베푸소서.
주님 얼굴을 향하여 드사 평강을 주옵소서.

# 훌륭한 부모들

유난히 책 읽기에 몰입하는 아이도 있고,
자동차 바퀴나 복잡한 기계에 끌리는 아이도 있다.
언어 발달이 눈에 띄는 아이도 있고,
음악만 나오면 몸을 흔드는 아이도 있다.
패션 감각이 뛰어나거나 동물보호에 마음 쓰는 아이도 있다.
아이들의 다름을 인정하고 존중하는 부모는 훌륭하다.
과도한 주입식 학습을 그치며,
세속 가치에 따른 직업 선택을 강요하지 않는 부모는 훌륭하다.
아이들이 자기 길을 가도록 응원하는 부모들은 정말 훌륭하다.

〈하나님 아이로 키워라〉

■ 오늘의 연락
**훌륭한 부모들에게 칭찬 문자 보내기**

# 자신을 위해 기도하라

예수님은 신실하시다.

내가 문을 열면 즉시 들어오신다.

내 생각과 마음을 다스리시고 나를 돌보시며

모든 필요를 채우신다.

누구든지 예수님께 문을 여는 법을 배우면

불평하지 않게 된다.

오히려 '이번에는 하나님이 어떻게 일하실까' 하고

기대하게 된다.

기도 응답을 받으면 모든 일이 즐겁고 감사하다.

내가 은혜로 채워지면 다른 사람의 문도 열어주고 싶어진다.

〈끝까지 잘 사는 부부〉

**오늘의 기도**

주님은 나의 왕이며 나의 주인이십니다.
오늘도 내 삶의 모든 부분을 다스리소서.
특히 내 생각과 마음과 입을 다스리소서.

# 건강한
# 출산을 위한 운동

산부인과 의사는 내게 운동을 권했다.

평평한 길보다는 경사가 가파르지 않은 오르막길을

걸으라고 했다.

오르고 내리기를 반복하는 수직 운동을 말했다.

다행히 둘째를 낳기 전 살던 집은 경사가 심한 언덕에 있었다.

불편한 주거환경이 출산을 위한 좋은 운동 장소가 되다니

참 감사했다.

막내를 임신했을 때는 제주도에 살았다.

수직 운동을 하기 위해 사라봉을 오르내렸다.

출산을 위한 운동 덕분에 내 몸은 임신 기간에 더 건강해졌다.

〈하나님 아이로 키워라〉

■ 오늘의 실천

**건강한 엄마가 되기 위해 운동하기**

# 효과적인
# 부부 기도법

- 먼저 자신을 위해 기도한다.
- 서로 축복하며 기도한다.
- 성령을 부어주시도록 간구한다.
- 포기하지 않고 끝까지 기도한다.
- 배우자에게 기도제목을 물어보며 기도한다.

기도는 예수님이 주인으로 들어오시도록 문을 여는 것이다.
부부가 함께 기도하면 예수님이 부부의 중심으로 들어오셔서
다스리신다(계 3:20).

〈끝까지 잘 사는 부부〉

오늘의 간구

하나님 아버지, 우리 부부의 중심에 들어오소서.
우리 가정을 다스리시고 주의 뜻을 이루소서.
기도할 줄 아는 부부로 끝까지 살게 하소서.

# 행복한 출산을 위한
# 호흡법

라마즈 호흡법은 호흡으로 진통을 조절하는 데 효과적이다.
진통이 올 때 숨을 깊이 들이마시고,
쉬는 시간에 호흡을 충분히 내뱉으면서 휴식하는
간단한 호흡법이다.
첫 아이를 출산할 때는 호흡이 엉켜서 도움을 받지 못했지만
둘째와 셋째는 거의 통증 없이 자연분만했다.
특히 막내를 낳고는 의료진들에게
감사하다고 일일이 인사하고,
웃으면서 병실을 걸어 나올 수 있었던 것은
임신 기간 내내 익힌 라마즈 호흡법 덕분이었다.

〈하나님 아이로 키워라〉

오늘의 실습
**라마즈 호흡법 익히기**

# 몸의 친밀감을
# 누리는 방법

1. 안아주기

   아침에 안아주면서 행복한 하루를 시작한다.

   잠자기 전에도 꼭 안아주며 열심히 하루를 보낸

   배우자에게 감사하며 축복한다.

   효과) 통증 감소, 외로움 감소, 스트레스 완화, 안정감 증가, 행복감 증가 등

2. 사랑의 수신호 보내기

   배우자의 손을 잡고 마음속으로 '사랑해' 하면서

   세 번 꾹꾹 누르며 사랑의 신호를 보낸다. 상대방도 속으로

   '나도' 하면서 두 번 눌러 사랑한다고 답한다.

   〈끝까지 잘 사는 부부〉

**오늘의 약속**

1. 매일 안아준다.
2. 수시로 사랑의 수신호를 보낸다.

# 산모는
# 환자가 아니다

산모는 환자가 아니다.

아이를 낳기 위해 의료진의 도움을 받을 뿐이다.

출산은 신성한 일이다. 진료와 출산 과정에서

산모가 끌려다니지 말고 주도적으로 결정해야 한다.

세 아이를 임신한 동안,

나는 태아 초음파 검사를 거의 하지 않았다.

기형아 검사는 생각도 없었다.

나는 임신한 엄마들한테 종종 조언한다.

"불안을 몰아내세요. 불안을 떨치세요.

아기를 창조하고 계시는 그분을 믿으세요.

임신케 하신 이가 해산케 하십니다."

〈하나님 아이로 키워라〉

● 오늘의 다짐
**주도적인 산모가 되겠다.**

# 배우자의 정서를
# 지지하라

누구든지 결혼하면서 포기한 것이 있다.

결혼 전에 취미생활로 좋아했는데,

마음의 방에 몰아넣고 과감하게 문을 닫았다.

오토바이 타기, LP와 CD 음반, 여행, 공예품 수집,

사진 촬영과 만화, 그림 그리기,

음악 콘서트, 축구와 농구 등등.

가정 형편에 맞게 가능한 것부터 다시 시작해도 된다.

정서가 풀릴 때 사람은 행복해진다.

그 행복을 이해하는 배우자와

끝까지 친밀하게 살 수 있다.

〈끝까지 잘 사는 부부〉

오늘의 선언

나는 배우자의 정서를 풀어주고
행복하게 돕고 싶다.

# 사회성 훈련

탐심을 막고 나누는 것을 가르치는 것이 사회성 훈련이다.
부모가 나누는 법을 가르치면
자녀의 욕심과 탐심을 막을 수 있다.
일상생활에서 작은 일부터 주의 깊게 관찰하면
가르칠 기회가 많다.
나는 아이들에게 먹을 것을 한 손에만 들려주었다.
간식이나 과자도 한 손에만 들게 했다.
어떤 아이는 늘 양손에 움켜쥐려 한다. 그것은 욕심이다.
욕심을 방치하면 탐심이 커져
나눌 줄 모르는 사람이 된다.

〈하나님 아이로 키워라〉

● 오늘의 나눔
**자녀들이 자기 물건을**
**친구에게 나눠주도록 돕는다.**

# 정서적인 친밀감

자기만의 사랑 표현법 하나를 정한다.

예를 들면,

아침마다 배우자를 위해 커피를 내려준다.

잠자고 있는 배우자 이마에 매일 아침 입을 맞춘다.

자고 일어나는 배우자를 꼭 안아준다.

배우자가 밥을 다 먹을 때까지 식탁을 떠나지 않는다.

출근하는 배우자에게 축복의 말을 하며 배웅한다.

퇴근하는 배우자를 맞이하러 현관으로 뛰어간다.

배우자가 차를 탈 때면 차 문을 열어준다.

하루에 한 번 사랑의 문자를 보낸다.

〈끝까지 잘 사는 부부〉

오늘의 적용

**배우자를 사랑하는
나만의 방법이 있나요?**

# 자판기 이야기

우리 아이들은 자판기를 좋아했다.
훈련학교 안에 있는 유일한 과자가게였기 때문이다.
며칠 동안 집안일을 해서 용돈을 받으면
자판기를 향해 달렸다.
과자 한 봉지를 사서 세 아이가 정답게 나눠 먹었다.
지나가던 목사님이 아이들을 보았다.
"목사님이 하나 더 뽑아줄까?"
"아니요. 괜찮아요. 저희는 하나로 나눠 먹는 게 더 좋아요."
아이들이 대견스럽다며 목사님이 맛있는 것을 사 들고
우리 집에 자주 오셨다.

〈하나님 아이로 키워라〉

● 오늘의 적용
**과자 한 봉지로 나눠 먹기**

# 영적 친밀감

목회자 세미나에서 손잡고 기도하기를 소개하고
적용 시간을 가졌는데,
강의가 끝나고 사모님 한 분이 찾아오셨다.
남편과 손잡고 기도한 것이 처음이라고 했다.
"이렇게 좋은 것을 왜 지금 시작했는지 아쉬워요"라면서
천국 갈 때까지 남편과 손을 꼭 잡고 기도하겠다고 말했다.
손잡고 기도한 짧은 시간에
새로운 친밀감이 일어났다고 했다.
그동안 목회 사역을 함께하는 팀 같았는데,
이제는 진짜 부부가 된 것 같다고 말했다.

〈끝까지 잘 사는 부부〉

오늘의 기쁨
**배우자와 손잡고 기도하기**

# 나눠 먹는 훈련법

서로 나눠 먹도록 훈련하는 것은
부모의 의지가 없으면 쉽지 않다.
두 봉지를 사서 각자의 손에 하나씩 들려주는 것이
더 편하기 때문이다.
그러나 편한 방법을 택하면 자녀를 가르칠 기회를 놓친다.
아이들도 배울 기회를 잃는다.
엄마가 나눠주지 말고,
아이들이 서로 알아서 나눠 먹게 하라.
이같이 일상생활의 여러 기회를 활용하면,
건강한 사회성을 쉽고 재미있게 가르칠 수 있다.

〈하나님 아이로 키워라〉

● 오늘의 훈련
한 그릇에 맛있는 간식을 담아주고
나눠 먹게 한다.

# 친밀한
# 부부가 되려면

하나님은 사람을 영과 혼과 몸으로 만드셨다.

영, 혼, 육이 모두 건강해야 온전한 사람이다.

영적으로 충만해도 정서적인 기쁨이 없으면 행복하지 않고,

몸이 튼튼해도 영적 충만함이 없다면

건강한 그리스도인이 아니다.

삼각대의 세 다리가 견고하게 서 있는 것처럼

영, 혼, 육이 모두 친밀해야 건강한 부부가 된다.

영적 친밀감, 정서적 친밀감, 육체적 친밀감이 모두 필요하다.

각 영역에 맞는 적절한 방법을 찾아야 한다.

〈끝까지 잘 사는 부부〉

오늘의 말씀

평강의 하나님이 친히 너희를 온전히 거룩하게 하시고
또 너희의 온 영과 혼과 몸이 우리 주 예수 그리스도께서 강림하실 때에
흠 없게 보전되기를 원하노라 너희를 부르시는 이는 미쁘시니
그가 또한 이루시리라 살전 5:23,24

# 비전이 다를 때

결혼하면 누구의 비전이 중심이 되어야 할까.

남편과 아내의 비전 중에서 준비된 사람의 비전을

먼저 따르면 된다.

그렇다고 다른 비전을 포기할 필요는 없다.

한 사람의 비전을 같이 성취하면서

남은 비전도 차근차근 준비하면 된다.

때가 되면 그 일도 함께할 수 있다.

비전을 성취하는데 의지나 열정보다 더 중요한 것은

얼마나 준비했는가이다.

〈하나님 부부로 살아가기〉

● 오늘의 선택

**준비된 사람의 비전을 먼저 따른다.**

# 배우자를 도와주기

"여보, 한 가지 부탁을 해도 되나?"

"뭔데? 어려운 일인가?"

"어려운 일은 아니고, 내가 지점토를 시작해도 될까?"

"당연하지. 지점토가 뭔지 몰라도

당신이 알아서 하면 되지 않나?"

"아니야. 결혼하고 확실히 알게 된 게 있는데,

남편이 도와주지 않으면 하고 싶은 일을 하기 어렵더라.

그래서 물어본 거야."

〈하나님 부부로 살아가기〉

오늘의 부탁

**배우자가 부탁하는 일이 있나요?**
**그것을 할 수 있도록 도와주세요!**

# 주부의 기도

'주님, 저를 돌봐주세요.'

전에는 이런 기도를 못 했다.

내가 누군가를 돌보는 주부였기에 나를 돌봐달라는 것은

어울리지 않는 태도 같았다.

그러나 하나님을 알아가면서

범사에 그분을 의지하는 것이 최선임을 배웠다.

그리고 주님은 나를 돌봐주시는 분이라는 확신이 들었다.

내가 주님을 돌보는 것이 아니라

주님이 나를 돌보시는 아버지이심을 깨달았다.

그래서 말씀드렸다.

'주님, 저 좀 돌봐주세요.'

〈하나님 부부로 살아가기〉

● 오늘의 간구

"하나님 아버지, 제가 돌봄이 필요합니다.
저를 돌봐주세요."

# 취미생활은
# 삶의 활력!

물건을 그냥 두면 녹이 슬듯이 가만히 있으면
부부의 친밀감도 식기 마련이다.
조금씩 자기 스타일을 덜어내고,
서로에게 맞추어 가다 보면 부부는 가장 친밀한 친구가 된다.
특히 배우자의 취미생활을 도와주어야 한다.
아내와 엄마, 남편과 아빠 이전에
한 사람으로서 즐기는 취미활동은 삶의 활력이 된다.
부부가 서로 도와주면 미혼 시절보다
더 즐겁고 재미있게 살 수 있다.

〈하나님 부부로 살아가기〉

오늘의 행복
**여보! 우리 함께 놀아요!**

# 혼자 사는 법

남편이 집에 없을 때, 혼자서도 살아나는 법은
바로 주님을 의지하는 일이다.
남편이 선교지를 방문하면서 집을 비울 때마다
주님이 우리 가족을 먹이실 것을 기대했다.
새로 피는 봄꽃을 기다리듯 그때마다 어떤 방법으로
아이들과 나를 지키시고 돌보실지 기다렸다.
주님의 돌보심을 실제로 맛보며
하나님이 얼마나 좋은 분인지를 그때 가장 많이 경험했다.
그래서 남편이 없는 쓸쓸함은 깊지만,
남편에게 가지 말라고 잡지 않았다.

〈하나님 부부로 살아가기〉

○ 오늘의 묵상
**너희 염려를 다 주께 맡기라**
**이는 그가 너희를 돌보심이라** 벧전 5:7

# 조금만 양보하면
# 친해진다

산책도 우리 부부가 즐기는 일이다.

동네 한 바퀴를 함께 걷기도 하고,

하천을 천천히 산책하기도 한다.

어디에 가든지 산책이 가능한 곳을 먼저 찾는다.

사실 나는 바둑과 등산을 좋아한다.

아내는 집에서 책 읽기를 좋아한다.

그렇지만 서로 조금씩 양보해서 함께할 만한 취미를 찾았다.

오목과 산책은 나이 들어서도 계속하고 싶은

우리 부부의 즐거운 시간이다.

부부가 함께하는 평생 취미가 있어야 한다.

〈하나님 부부로 살아가기〉

오늘의 취미

**자기가 좋아하는 것을 조금씩 양보해서**
**공동 취미 만들기**

# 부부 행복의 비결

결혼 제도는 하나님이 만드셨다.
부부 행복의 비결도 성경에 있다.
성경은 아내는 남편에게 순종하고,
남편은 아내를 사랑하라고 가르친다.
순종과 사랑은 '부부관계' 안에서 이뤄진다.
옆집 여자나 남자와는 전혀 상관없는 말이다.
순종은 자신의 남편을 믿고 따른다는 뜻이고,
사랑은 자신의 아내를 아끼고 돌본다는 뜻이다.
남편과 아내는 순종과 사랑으로 거룩한 한 몸을 이룬다.

〈끝까지 잘 사는 부부〉

**오늘의 행복한 비결**

순종 : 남편을 믿고 따른다.
사랑 : 아내를 소중히 여긴다.

# 평생 취미 만들기

"와! 박 간사님이 오목을 잘하시네요. 제가 계속 졌어요."

"그렇지. 아내와 오목 두면 나도 자주 진다."

간사 모임에서 오목 경기를 했는데

아내가 형제 간사들을 계속 이겼다.

우리 부부는 신혼여행부터 오목을 두기 시작했다.

숙소에 모눈종이 노트가 있어서 오목을 두었는데, 재미있었다.

그 이후 우리 부부의 평생 취미가 되었다.

웃고 즐기고 이기고 지면서 우리는 함께 놀았다.

모눈종이 하나로 부부의 친밀감이 더해갔다.

〈하나님 부부로 살아가기〉

오늘의 놀이

**부부가 함께하는 놀이가 있나요?**

# 19
**4 APRIL**

# 아내를 사랑하는 것은
# 자신을 사랑하는 것

아내를 귀히 여기며 지켜주고 돌봐주는 것이 남편의 사랑이다.

남편에게 이런 사랑을 받는 아내는 행복하다.

몸인 아내가 행복하면 당연히 머리인 남편도 행복해진다.

아내를 사랑하는 것이 자신을 사랑하는 것이 된다.

아내가 반짝반짝 빛나면 남편도 같이 반짝반짝 빛난다.

이 신비로운 은총은

오직 자기 아내를 사랑하는 남자만 누릴 수 있다.

〈끝까지 잘 사는 부부〉

● 오늘의 말씀

**자기 아내를 사랑하는 자는**
**자기를 사랑하는 것이라** 엡 5:28

# 부부의 날을 정하자

서로에게 소홀히 하면 친밀함의 끈이 헐거워진다.

사소한 일에도 서로에게 짜증을 낸다.

같이 있어도 혼자 있는 것처럼 외롭다.

차라리 혼자 있는 것이 덜 외롭겠다고 생각할 정도다.

외로움을 해결하려고 다른 사람을 찾기도 한다.

그렇게 부부는 멀어져간다.

건강한 성생활을 위한 부부의 날을 미리 정해놓고 실천하면,

또 한 마리의 작은 여우가 잡힌다.

〈하나님 부부로 살아가기〉

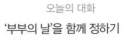

오늘의 대화

'부부의 날'을 함께 정하기

# 부모를 떠난다

결혼해서 부모를 떠난다는 것은
우선순위를 바꾼다는 뜻이다.
그동안 부모가 자기 삶의 1순위였다면
이제는 배우자를 1순위로 바꾸는 것이다.
우선권을 바꾸는 일은 '떠남과 연합'을 가능하게 한다.
부모를 떠나는 것과 부모를 공경하는 일은
결코 충돌하지 않는다.
부모를 잘 떠나야 부부가 잘 연합한다.
잘 연합해야 부모를 잘 공경할 수 있다.

⟨끝까지 잘 사는 부부⟩

● 오늘의 생각
내 삶의 1순위는 누구인가?

# 친밀한 부부 되기

부부의 성관계가 결혼생활에서 가장 중요한 요소는 아니지만,
성이 부부의 한가운데 있는 것은 분명하다.
소홀하게 생각하면 안 된다.
부부가 더 친밀해지고, 자연스럽게 한 몸이 된다.
그런데 부부의 성생활을 바르게 배워야 한다.
영화나 소설에서 묘사하는 성관계 모습은
현실성이 없는 경우가 많다.
그렇다고 주위에 물어보기도 쉽지 않다.
부부가 마음을 열고 대화하면서
좋은 책으로 함께 공부하는 것이 가장 좋은 방법이다.

〈하나님 부부로 살아가기〉

오늘의 도서
**부부관계를 배우는 책을 산다.**

# 행복한 질문

한 남자가 강의를 듣고 자기 아내에게 질문했다.

"당신은 언제 가장 행복해?"

"음…."

"대답해봐요. 내가 그 행복을 지켜줄게."

아내는 남편의 눈을 지그시 바라보며 대답했다.

"당신이 그렇게 물어봐준 이 순간이

너무 행복해서 눈물이 나네요."

〈끝까지 잘 사는 부부〉

오늘의 사랑의 언어

**"당신의 행복을 지켜줄게."**

# 부부는 한 몸

나는 아내의 것이고, 아내는 나의 것이다.

나는 나의 것이 아니다. 놀라운 결혼의 신비다.

결혼하면 자기의 몸을 자신이 주장할 수 없다.

결혼하면 두 사람은 하나가 되고 한 몸이 된다.

그러나 한 몸이 되는 것보다 더 중요한 것은

먼저 '서로의 것'으로 하나가 되는 것이다.

이것이 가장 분명하게 나타나는 경우가 부부의 성생활이다.

부부가 되면 먼저 배우자를 즐겁게 해야 한다.

그것이 곧 자신의 즐거움이 된다.

〈하나님 부부로 살아가기〉

오늘의 명언

**'임은 나의 것, 나는 임의 것'**

# 주간 기도표 만들기

요일별로 나누어 가족 기도를 하자.

매일 기도하는 것과 요일을 정해 기도하는 것을 병행하면

기도습관을 갖는 데 큰 도움이 된다.

어느 날, 막내아들의 물건을 정리하는데 기도표가 보였다.

친구들과 선생님의 이름이 빼곡하게 적혀 있었다.

우리나라의 각 영역과 열방을 위한 기도도 있었다.

가족 영역에 [목요일:엄마]라고 쓰인 것을 보자 마음이 뭉클했다.

내가 막내아들을 위해 기도하는 목요일에

아들도 나를 위해 기도하고 있었다니!

〈기도는 죽지 않는다〉

오늘의 할 일
**기도표 만들기**

# 나는 당신의 것입니다

결혼하면 한 몸이 된다.

친밀감은 한 몸을 이루는 데 꼭 필요하다.

아가서에는 친밀감을 도와주는 성경 구절이 많다.

내가 좋아하는 성경 구절이 공동번역 성경으로 읽었던

'나는 임의 것, 임은 나의 것'이다.

나는 종종 아내에게 아가서 본문을 인용해 말한다.

"당신은 나의 것, 나는 당신의 것입니다."

임은 나의 것, 나는 임의 것,

임은 나리꽃밭에서 양을 치시네 아 2:6 공동번역

〈하나님 부부로 살아가기〉

오늘의 질문

**배우자와 가장 친밀한 감정을 느낄 때는
언제인가?**

날마다 행복한 우리집 365

# 기도는 문을 여는 일

기도는 예수님이 주인 되시도록 자신을 여는 일이다.

그분을 주인으로 인정하고 의지하는 표시다.

문을 열면 예수님은 들어 오신다.

기도하는 사람은 그분과 더불어 먹고 마시며

행복한 교제를 하게 된다.

또한 기도로 문을 열면 예수님이 들어와 왕이 되신다.

그분이 다스리는 의와 희락과 평강이 넘치는

하나님 나라가 임한다.

기도하는 사람을 통해 예수님은 그분의 주권을 나타내시며,

왕으로 다스리시고, 그 뜻을 이루신다.

〈기도는 죽지 않는다〉

● 오늘의 묵상

**요한계시록 3장 20절을 쓰고 묵상하기**

# 승리하는 아이들

빛과 소금으로 살기 원하는 그리스도인이
부르심을 성취하는 방법은 두 가지다.
첫째, 성문에서 하나님나라를 시작한다.
둘째, 성안에서 하나님나라를 확산한다.

하나님 나라를 새롭게 시작하는 사람은
창의적이고 적응력이 뛰어나야 한다.
반면에 하나님 나라를 확산하는 사람은
체계적이고 추진력이 있어야 한다.
성경으로 양육받은 자녀들은
각 사람의 부르심에 맞는 방법으로 결국 승리한다.

〈하나님 아이로 키워라〉

오늘의 기도
**자녀들이 부르심을 따라
승리하게 하소서.**

# 24
**4** APRIL

# 은혜받지
# 못하는 이유

환난이나 재앙을 만나면 기도하지 않고

오히려 더 멀리 도망가는 기독교인이 있다.

예수님을 부르지도, 찾지도 않는다.

그런 사람은 당연히 주님이 주시는 은혜를 받을 수 없다.

예수님을 향해 문을 닫았기 때문이다.

그때에도 주님은 도움과 은혜를 준비하시지만,

문을 열지 않기 때문에 밖에 계신다.

기도할 때까지 문밖에서 기다리신다.

이것이 누구라도 기도하지 않으면

하나님 은혜를 받을 수 없는 이유다.

〈기도는 죽지 않는다〉

● 오늘의 묵상
**너희가 얻지 못함은 구하지 아니하기 때문이요** 약 4:2

# 대적의 문을
# 차지하는 자녀들

하나님의 군사들이 성문에서 원수와 담판한다(시 127:5).

성문은 사람들이 출입하는 곳으로

문화와 영향력이 오가는 것을 상징한다.

나쁜 문화가 들어와 확산되기도 하고,

하나님 나라의 좋은 일이 진행되기도 한다.

이 결정은 문을 차지한 사람에게서 나온다.

원수인 마귀도 이 문을 차지하려고 집중한다.

그래서 이곳에서 영적전쟁이 일어난다.

이 성문 전쟁에서 승리하는 자녀로 양육해야 한다.

〈하나님 아이로 키워라〉

오늘의 기도

우리 자녀들이
대적의 문을 차지하게 하소서.

# 25
4 APRIL

# 모든 문을 열어라

하나님은 전능하시지만 사람의 선택을 존중하신다.

사람이 열지 않는 방에는 억지로 밀고 들어가지 않으신다.

그러므로 예수님을 향해 우리 삶의 전부를 열어야 한다.

모든 방문을 열듯이 삶의 모든 부분에서 기도해야 한다.

기도 항목을 제한하지 말고,

모든 사람에게 후히 주시고

꾸짖지 아니하시는 하나님께 모든 기도를 하라.

그리하면 삶의 모든 부분에 베푸시는

예수님의 풍성한 은혜를 받게 된다.

〈기도는 죽지 않는다〉

오늘의 살핌

**기도하지 않고 혼자 고민하는 문제는 무엇인가요?**

**4**

**9** SEPTEMBER

# 자신감 있는
# 자녀로 키워야 한다

자녀교육의 궁극적 목적은 세상에서 승리하도록 돕는 것이다.

부모가 대신 살아주지 못한다.

아이들이 스스로 적응하고 생존해야 한다.

그때 필요한 것이 자신감이다.

자신감이 있어야 어떤 상황에서도 적응할 수 있고

승리할 수 있다.

자녀들은 세상에서 복음의 능력으로 승리해야 한다.

자신감은 승리를 위한 필수요소다.

〈하나님 아이로 키워라〉

오늘의 적용

**자녀의 자신감을 키워주는 노력을 적어보기**

# 갈치조림 전문점

몸이 많이 아팠다. 배도 고팠다.
그래도 강의 시간에 늦지 않으려고
몸을 추스르고 일어나 출발했다.
버스를 타고 가는데 엄마가 해주시던 갈치조림이
몹시 생각났다.
'예수님, 갈치조림이 먹고 싶어요.'
강의를 마치니 오후 4시가 되었다.
고픈 배를 움켜쥐고 집으로 돌아갈 일이 암담했다.
목사님과 사모님이 나를 불렀다.
"시간이 너무 이르지만 혹시 저녁 드시고 가실래요?"
그분들이 안내한 곳은 바로 '갈치조림 전문점'이었다.

〈기도는 죽지 않는다〉

오늘의 적용
**필요한 것을 하나님께 구하기**

# 어떤 부모가 될 것인가

자녀를 양육하는 동안 어려운 일을 피해 다닐 수 없다.
그러나 성경을 기준으로 양육 방법을 결정한 부모는
그때마다 하나님을 의지한다.
자녀를 지켜달라고 기도하고,
가정을 세워달라고 간구한다.
그런 부모는 단잠을 잔다.
세상 욕심을 버리지 못하고 자녀를 양육하는 부모는
어려운 일이 생기면 더욱 잠을 이루지 못한다.
하루 종일 고생해도 그 수고가 헛되다.
잠을 자도 편하지 않고 일을 해도 불안하다.

〈하나님 아이로 키워라〉

오늘의 성찰
**나는 자녀를 위해 기도하는 부모인가,
걱정만 하는 부모인가?**

# 은혜받을 기회

예수님을 향해 문을 열지 않을 때
우리는 주님과 가족을 향해 원망과 불평을 쏟으며
상황과 환경을 탓하게 된다.
그러면 그분의 은혜를 경험할 수 없다.
만약 그때 내가 예수님을 찾지 않고 내 환경만 탓했다면,
갈치조림을 먹지 못했거나,
혹 돈 주고 사 먹더라도
주님이 돌보시는 은혜는 경험할 수 없었다는 뜻이다.
주님은 우리의 영혼과 몸의 필요를 아시고,
돌보시고, 채우시는 좋은 분이다.
그 은혜를 받을 기회를 놓치지 말자.

〈기도는 죽지 않는다〉

● 오늘의 간증
기도 응답을 받은 일을 가족에게 나눈다.

# 믿음이 있으면
# 두렵지 않다

에수님은 광풍 속에서 편안하게 주무셨다.

제자들은 두려움에 사로잡혀 예수님을 깨웠다.

예수님은 바람을 꾸짖어 잠잠하라 명하고

제자들에게 말씀하셨다.

"왜 무서워하느냐? 왜 믿음이 없느냐?"(마 8:23-27 ; 막 4:35-41).

아이들 문제로 힘든 일이 있을 때,

남편은 마음 편하게 잠을 잤다.

내가 깨우면, 이 파도가 우리 아이들을 해치지 못한다며

두려워 말라고 했다.

지나고 나니 그 말이 맞았다.

〈하나님 아이로 키워라〉

오늘의 믿음

**가정에 어려운 일이 생길 때
나의 태도 살피기**

# 자기 자신을 위해 기도하라

자신을 위한 기도는 결코 이기적인 기도가 아니다.

본인이 먼저 응답을 경험해야 다른 사람을 위해 기도할 때

믿음으로 기도할 수 있다.

자신의 필요를 사람이 다 채워 줄 수 없다.

그러나, 하나님이 채워주실 수 없는 필요는 없다.

먼저 자신을 위해 주님께 문을 열고 필요를 채우자.

내가 지치면 가족을 돌볼 수 없다.

가족에게 차마 말하지 못하는 필요도

하나님께는 얼마든지 말할 수 있다.

하나님은 전능하고 자상한 아버지이시다.

〈기도는 죽지 않는다〉

■ 오늘의 기도

**'하나님, 저를 도와주세요.'**

# 가족이 함께
# 밥을 먹자

부모는 일찍 출근해서 늦게까지 일하고,

저녁에도 집에 가지 못하고 회식을 한다.

자녀들도 집에 늦게 오고, 집에 있는 누군가는 혼자 밥을 먹는다.

분명 정상은 아니다.

식탁에서 대화하고 서로 사랑을 표현할 시간이 없으니,

가족 사랑도 식은 국처럼 식는다.

가족은 식구다. 식구(食口)는 함께 밥을 먹는 사람이다.

가족은 밥을 먹으면서 사랑을 주고받는다.

주말의 저녁 한 끼라도 부모와 자녀가 집에서

오손도손 밥을 먹어야 한다.

〈하나님 아이로 키워라〉

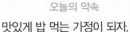

오늘의 약속

**맛있게 밥 먹는 가정이 되자.**

# 다른 사람을 위해
# 기도하자

그러나 자신만을 위한 기도에 머물 수는 없다.

우리는 만민을 위해 기도하는 집이다.

다른 사람의 문도 열어주는 사람이다.

모든 그리스도인은 이웃과 성도와

온 열방을 위해 기도하는 집으로서 사명이 있다.

그 첫 출발이 가족으로부터 시작된다.

예수님이 자기 가족의 주인 되시도록 문을 열자.

가족의 필요를 알고, 그들을 위해 중보기도하는 것이

문을 열어주는 일이다.

〈기도는 죽지 않는다〉

● 오늘의 결심

**가족을 위해 기도하겠다.**

날마다 행복한
우리집
365

9

SEPTEMBER

좋은가정TV

# 30
4 APRIL

# 시댁을 위한 기도

저를 이 가족의 일원으로 삼으신 주님, 감사합니다.

주님 이름을 찬양합니다.

그런데 제가 시댁 식구를 때로 미워하고 원망했습니다.

용서해주소서.

이제부터 평화의 사도가 되겠습니다.

서로 사랑하고 축복하며

성령으로 하나 된 가족 모임을 소망합니다.

이 모습이 실상이 되게 해주소서.

시댁 식구들에게 하늘의 신령한 복을 주소서.

서로 사랑하는 따뜻한 가족 되게 하소서.

시댁 식구 모두를 축복하며

예수님의 이름으로 기도합니다. 아멘.

〈기도는 죽지 않는다〉

# 미래의 배우자를
# 구하는 기도

하나님 아버지,

제 인생에 대한 계획이 주님 손에 있기에 감사합니다.

미래에 대한 염려로 내 생각을 묶는 어둠을 대적한다.

떠나가라. 결혼을 두렵게 하는 거짓의 영에게 명령한다.

잠잠하라. 믿음으로 선포한다.

나는 좋은 배우자가 될 수 있다.

나는 결혼할 수 있다.

하나님, 주님이 짝지어준 배우자를 만나서

복된 가정을 이루고 싶습니다.

이 소원이 실상이 되게 해주세요.

예수님의 이름으로 기도합니다. 아멘.

〈기도는 죽지 않는다〉

날마다 행복한
우리집
365

5

MAY

좋은가정TV

# 사랑을 표현한다

가족을 풀어주는 가장 좋은 방법은 사랑을 표현하는 것이다.

묶였던 관계가 풀어지면 가정이 회복된다.

가족에게 용기 있게 사랑을 표현하자.

실천하기가 두렵거나 주저된다면 용기를 달라고 기도하자.

아주 짧은 사랑 표현도 가족을 풀어주는 열쇠가 된다.

"아빠, 사랑해요"

"아들, 많이 힘들지. 엄마는 너를 믿고 기다릴게. 사랑해"

문자 한 통으로 변화가 시작된다.

사랑은 표현해야 살아나서 힘을 발휘한다.

〈기도는 죽지 않는다〉

오늘의 용기

**가족에게 사랑 표현하기**

# 애착 관계를
# 만들 시간을 주라

우리는 아이들에게 동시에 두 개의 장난감을 사주지 않았다.

하나를 갖고 충분히 놀게 했다.

그 장난감에 얽힌 스토리를 만들 수 있는

시간을 주고 싶었기 때문이다.

우리 아이들은 지금도 자기들의 장난감마다 들어있는

행복한 이야기를 추억한다.

물건 하나에 익숙할 틈도 없이

금방 다른 것을 사주거나 다른 종류로 바꿔주지 마라.

발 디딜 틈도 없이 많은 장난감으로 집을 채울수록

아이의 즐거움은 사라지고 만다.

〈하나님 아이로 키워라〉

오늘의 결정

**장난감을 한 번에 하나만 산다.**

# 용서하려면
# 시대를 이해하라

사단에게 대적하고 명령해서 그 활동을 묶었다면

이제 사람을 풀어주어야 한다.

푸는 방법은 용서하는 일이다.

가족을 용서하려면 먼저 그가 살아온 시대를 이해해야 한다.

그러면 용서가 쉬워진다.

대한민국의 격변기를 살아온 부모들은

자녀 시대와 전혀 다른 삶을 살았다.

그래서 사고방식과 말과 행동이 다르다.

이것을 이해하면 용서가 된다.

〈기도는 죽지 않는다〉

● 오늘의 관심

부모님의 유년기와 청소년기의
한국 사회를 공부한다.

# 상상하며 놀게 하라

아이들은 작은 장난감 하나로도
얼마든지 상상력을 동원해 즐겁게 놀 수 있다.
상상력이 풍부한 사람은 늘 즐겁다.
삶이 즐거운 사람은 창조적인 사람이 된다.
모든 아이는 단 하나의 낡은 장난감으로도
얼마든지 상상의 날개를 펴서 우주를 날 수 있다.
그러므로 부모는 아이에게 많은 것을 사주지 못해
안타까워하기보다,
자녀가 너무 많은 장난감 때문에
오히려 상상하는 즐거움을 잃을까 염려해야 한다.

〈하나님 아이로 키워라〉

오늘의 질문
"무엇을 가지고 놀 때 가장 즐거웠니?"

# 용서의 완성은 축복!

예수님은 일곱 번을 일흔 번까지라도 용서하라고 하셨다.

그 정도로 용서해야 하는 사람은 흔치 않다.

그렇다고 아예 없는 것도 아니다.

만약 누군가를 490번까지 용서해야 한다면

배우자일 가능성이 가장 크다.

이것만큼은 용서하지 못한다는 사람이 있다.

그것까지 용서하면 하나님이 더욱 보호하시고 도와주신다.

배우자를 용서하고 축복하라.

진심으로 축복하면 용서가 완성된다.

〈끝까지 잘 사는 부부〉

■ 오늘의 기도

용서하고 축복합니다.
우리 가정을 지켜주세요.

# 한 번에 한 권만 산다

남편은 아이들을 데리고 서점 가기를 좋아했다.

갈 때마다 책은 꼭 한 권씩만 산다는 원칙을 적용했다.

그래서 아이들은 자기가 산 한 권의 책을

소중히 여기면서 읽고 또 읽었다.

더불어 작은 것에 만족하는 법과

글을 정독하는 습관까지 길렀다.

도서관에서는 몇 권이라도 읽게 했지만,

대여할 때는 나이에 맞게 권수를 제한했다.

책과 친해지는 것은 많은 책을 소유할 때가 아니다.

한 권을 읽어도 책을 소중히 여기며 즐겁게 읽을 때다.

〈하나님 아이로 키워라〉

오늘의 질문
**오래 소장하고 싶은 책은?**

**27**

8 AUGUST

# 마음을 지키는 법

마음이 상하면 부부가 멀어지게 되고
깊은 외로움을 느낀다.
미혼 시절의 외로움보다
결혼 후에 느끼는 외로움이 더 아프다.
미혼 때는 혼자 견디면 되지만,
결혼한 아내의 외로움은 그대로 자녀에게 흘러간다.
그것을 막고 싶다면, 마음을 지키는 약을 먹어야 한다.
상대방의 마음을 내가 지킬 수 없어도,
내 마음을 지키는 것은 전적으로 내 책임이다.
'용서한다'라고 마음속으로 말하면
마음이 다스려진다.

〈끝까지 잘 사는 부부〉

■ 오늘의 암송

모든 지킬 만한 것 중에
더욱 네 마음을 지키라
생명의 근원이 이에서 남이니라 잠 4:23

# 사회성은 무엇인가?

사회성은 사회에 잘 적응하는 능력이다.

그러나 아무 집단이나 어떤 이론에

쉽게 동화되는 것을 말하지 않는다.

사회성은 일평생 다른 사람과 더불어 살 줄 아는 능력이다.

더불어 살려면 존중이 필수요소다.

타인을 존중하는 마음과 태도는

사회에 나가서 배우려 한다면 이미 늦다.

그것은 어린 시절부터 가정에서 배워 몸에 익혀야 한다.

〈하나님 아이로 키워라〉

오늘의 대화

**건강한 사회성에 대해 가족과 토론하기**

# 배우자 용서의 유익

부부가 서로 용서하면 진정한 변화가 일어난다.

1. 배우자를 용서하면, 자기 자신이 회개할 것이 보인다.
    상대를 비난하고 공격할 때는 결코 보이지 않던 것이다.
    그러다 보면 엎드려 하나님의 은혜와 긍휼을 간구하게 된다.
2. 상대를 향한 긍휼한 마음이 생겨 그를 위해
    대신 용서를 빌게 된다.
3. 우리 둘 다 불쌍한 사람들이니 서로 의지하고 사랑하며
    살아야겠다는 의지가 생긴다.
    서로 용서하는 부부를 위해 하나님이 준비하신 축복이다.

〈끝까지 잘 사는 부부〉

● 오늘의 간증
**용서하고 용서받은 은혜 나누기**

# 다른 사람을
# 존중하는 것이 사회성이다

부모나 형제자매가 무슨 말을 할 때는
자신이 하던 일이나 자기 생각을 멈춘다.
몸을 상대를 향해 돌린다.
말하는 사람의 눈을 바라보고 듣는다.
듣기와 말하기는 타인을 존중하는 표시다.
자신의 의견을 말할 때는 핵심을 조리 있고 간결하게 한다.
다른 사람의 의견에 동의하거나 반박할 때
적합한 어휘를 찾는다.
가정에서 익힌 말하기와 듣기 훈련은
타인을 존중하는 사회성 훈련이 된다.

〈하나님 아이로 키워라〉

오늘의 실천
**올바른 경청법을 자녀 앞에서 보여준다.**

# 용서는
# 어떻게 하는가?

부부는 크고 작은 일로 수없이 부딪힌다.

어떤 관계보다 용서할 일이 많다.

그래서 배우자 간에는 용서하는 방법도 중요하다.

1. 사소한 일로 마음이 상할 때는 먼저 마음속으로
   용서를 선포하라. 당신을 용서한다는 말을 배우자에게
   직접 말하지 않고, 하나님께만 고백한다.
   배우자를 용서하는 습관을 만든다.
   사소한 갈등과 심각한 죄를 구분한다.
2. 배우자의 심각한 죄는 오직 성령의 능력으로 용서한다.

〈끝까지 잘 사는 부부〉

　오늘의 공부

**용서하는 올바른 방법을 배우자**

**6**

5 MAY

# 잠언을 통해
# 말하는 법을 가르친다

자녀에게 말하기를 가르치는 교재로 잠언은 매우 효과적이다.

- 비뚤어지고 구부러진 말을 하지 마라(잠 4:24)
- 함부로 말하는 것은 칼로 찌르는 것과 같다(잠 12:18)
- 때에 맞는 대답은 기쁨을 주므로 아름답다(잠 15:23)
- 헛된 말과 거짓말을 멀리하라(잠 30:8)
- 말이 조급한 사람은 가장 어리석다(잠 29:20)

〈 하나님 아이로 키워라 〉

오늘의 가족 대화

욕을 들었을 때 기분은 어땠는가?
자신이 하지 말아야 할 말은 무엇인가?

# 마음속으로
# 용서를 반복했다

남편이 또 화를 냈다. 분명 내게 화낸 것이 아니라
상황과 자기 자신에게 화를 낸 거라고 말하겠지.
어쩌면 꽃과 바람과 날아가는 나비에게
화가 났을 수도 있겠지.
아니면 자동차 네비게이션에 화를 냈을 거야.
그래도 화내는 남편을 보는 나는 불안했다.
나는 속으로 '남편을 용서합니다'를 반복하며
그를 위해 커피를 내렸다.
화를 멈춘 남편이 멋쩍은 듯 말했다.
"당신 표정이 천사 같네. 내가 왜 이러지? 미안해, 여보!"

〈끝까지 잘 사는 부부〉

● 오늘의 용서

**용서될 때까지 마음속으로 선포한다.**

# 좋은 언어 습관은
# 좋은 사람을 만든다

때에 맞게 말할 줄 아는 자녀는 어디서나
좋은 인간관계를 맺는다.
그 역시 잠언 공부가 효과적이다.


- 선한 말은 근심하는 사람의 마음을 위로한다(잠 12:25)
- 유순한 대답은 분노를 쉬게 한다(잠 15:1)
- 정직하게 말하는 사람은 왕들의 사랑을 입는다(잠 16:13)
- 선한 말은 꿀송이 같아서 마음에 달고 뼈에 양약이 된다
  (잠 16:24)

  〈하나님 아이로 키워라〉


오늘의 가족 대화

**최근에 들었던 말 중에서 가장 기분 좋았던 말은?**

**23**
8 AUGUST

# 용서가 안 될 때는
# 어떻게 해야 하는가?

도저히 용서하기 힘들 때는 어떻게 해야 할까?
성령의 능력을 구한다.


그들을 향하사 숨을 내쉬며 이르시되 성령을 받으라
너희가 누구의 죄든지 사하면 사하여질 것이요
누구의 죄든지 그대로 두면 그대로 있으리라 하시니라 요 20:22,23


성령을 받으라고 예수님이 말씀하셨다.
그리고 성령을 받으면 어떤 능력이 생기는지
제자들에게 가르쳐주셨다.
다른 사람의 죄를 용서하는 능력이다.

〈끝까지 잘 사는 부부〉


● 오늘의 간구
용서할 힘을 주소서.
성령을 제게 부어주소서.

# 사회성은
# 가정에서 출발한다

듣기와 말하기는 사회성의 기초가 된다.

사람은 처음부터 다른 사람과 더불어 살도록 지음받았다.

무조건 친구가 많거나 또래들과 놀아야

사회성이 만들어지는 것이 아니다.

서로 더불어 살아가는 인간 사회의 최고의 덕목은

서로를 존중하는 일이다.

이를 잘 지키는 사람이 사회성이 좋은 사람이다.

다른 사람을 소중히 여기려면

자기의 존재 가치를 먼저 환영받아야 한다.

그래서 가정 교육이 사회성의 출발이다.

〈하나님 아이로 키워라〉

오늘의 선포

**우리 가족은 서로 존중한다.**

# 왜 내가 먼저
# 용서해야 하는가?

독사에게 물리면 빠르게 응급처치를 해야 한다.

독사를 잡아 죽이겠다고 쫓는 시간에 독이 퍼지면

자신이 먼저 죽는다.

자신이 죽지 않으려면 독사 죽이는 것을 포기해야 한다.

용서도 똑같다.

배우자를 향한 복수를 버리고 자신을 먼저 치료해야 한다.

이것이 배우자를 먼저 용서해야 하는 이유다.

〈끝까지 잘 사는 부부〉

● 오늘의 묵상
**용서해야 하는 두 가지 이유**
1. 잠언 19장 11절
2. 마태복음 6장 14,15절

# 사회성을 가르칠 기회

큰아들이 어느새 과체중이 되었다.

그때부터 달리기 시합을 하면 가끔 여동생에게 뒤처졌다.

나는 아들이 짜증 낼까 봐 걱정이 앞섰다.

아니나 다를까,

화를 내는 말이 멀리서 지켜보는 내 귀까지 들렸다.

"다시는 너와 달리기하지 않겠어."

나는 큰아들을 야단치기보다는

사회성을 가르치는 기회로 삼았다.

사람은 잘하고 못하는 게 서로 다른데

그때마다 화를 내면 되겠는가.

아들과 공원을 거닐며 많은 대화를 했다.

〈하나님 아이로 키워라〉

오늘의 관심

**자녀에게 사회성을 가르칠 기회는 언제인가?**

# 여우는 계속 온다

포도원에는 해마다 새로운 꽃이 피고,
새로운 포도 열매가 맺힌다.
그래서 작은 여우가 계속 온다.
부부 갈등도 마찬가지다.
서로 사랑하며 함께 살기에 갈등도 계속 생긴다.
오히려 갈등이 전혀 없을 때가 더 큰 문제다.
서로에게 관심이 없으면 갈등도 생기지 않는다.
아이가 아프고 난 후에 키가 크는 것처럼
크고 작은 갈등은 부부를 건강하게 한다.
서로를 알아가는 기회로 삼고 극복하면
더 친밀한 부부가 된다.

〈끝까지 잘 사는 부부〉

● 오늘의 선포
**이제, 갈등을 극복하자!**

**10**
5 MAY

# 엄마는 좋은 교사다

“너는 다 잘할 필요가 없단다.

동생한테 졌다고 부끄러워하거나 화를 낼 일은 더욱 아니지.

네가 힘껏 달렸다면 그것으로 충분하단다.

더 빨리 달리고 싶다면 매일 달리기 연습을 하면 되고.

너는 지금도 잘하고 있어.

네가 잘하는 것을 계속 갈고 닦으렴.

그래야 너의 도움이 필요한 사람들을 도울 수 있단다.

네가 부족한 부분은 다른 사람의 도움을 받게 될 거야.

그러니까 안심해.

하나님은 사람을 서로 도우며 더불어 살도록 지으셨거든.”

〈하나님 아이로 키워라〉

오늘의 교육

**자녀에게 올바른 태도를 말해준다.**

# 사랑이
# 식은 것이 아니다

꽃이 피었다는 것은 포도나무를 잘 가꾸었다는 뜻이다.

그 꽃에서 향기가 나고, 그 향기를 맡고 작은 여우가 찾아왔다.

우연히 길을 지나가다가 포도원을 발견한 것이 아니다.

부부 갈등도 마찬가지다.

부부가 서로를 향해 관심과 기대가 있고

더 잘 살기 원하기에 갈등도 생긴다.

사랑이 식은 것이 아니다.

작은 여우 때문에 포도원을 망칠 수 없다.

오늘까지 살아왔는데 여기서 무너지면 안 된다.

끝까지 가정을 지켜야 한다.

〈끝까지 잘 사는 부부〉

■ 오늘의 진실
반복되는 부부 갈등의 원인은 무엇인가?

# 바른말을 기분 좋게 하면
# 자녀는 잘 수용한다

큰아들은 불과 몇 달 만에 정상 체중으로 돌아오면서
동생보다 훨씬 더 빨리 달렸다.
그런데 동생에게 달리기를 지던 그 몇 달이
인간관계에 대하여 어느 때보다 더 많이 배운 기간이었다.
형제 사이에서 잘하는 것과 못하는 것이 다를 때
사회성을 배우는 좋은 기회다.
아이들의 마음을 헤아리면서 부모가 지혜롭게 말하면
자녀는 잘 수용하고 자존감도 높아진다.

〈하나님 아이로 키워라〉

오늘의 결심
**바른말을 기분 좋게 하겠다.**

# 황금률과 선한 말

"남에게 대접을 받고자 하는 대로 너희도 남을 대접하라"
(마 7:12)라는 성경 본문은 인간관계의 황금률(黃金律)이다.
이 말씀을 지킬 때 황금 같은 행복을 누리게 된다는 뜻이다.
배우자에게 대접받고 싶다면
자신이 먼저 배우자를 대접하면 된다.
그러면 황금 같은 행복을 누리게 된다.
특히 선한 말은 배우자의 마음을 치유하는
양약이 된다(잠 16:23,24).
먼저 선한 말을 하면 선한 대답으로 돌아온다.

〈끝까지 잘 사는 부부〉

⬛ 오늘의 용기
대접받고 싶은 것을
배우자에게 먼저 행하기

# 달라서 특별하다

세 아이의 태동에 대한 기억을 떠올리며 아이들에게 퀴즈를 냈다.

"자, 한번 알아맞춰 볼래?

엄마 배 속에서 달리기를 한 아기와 권투를 한 아기가 있었어.

누구와 누구였을까? 그리고 또 아주 조용한 아기도 있었는데

누구였을까?"

서로 태동이 달랐다는 이야기를 듣던 아이들은

또 무엇이 달랐는지 궁금해했다.

서로 달랐던 이야기를 하나하나 들려주었다.

그리고 서로 다름을 인정하고

축복하는 좋은 사람이 되자고 약속했다.

〈하나님 아이로 키워라〉

오늘의 언어
**"너는 특별하단다."**

# 재정 갈등을 없애는 법

재정 압박은 대부분의 부부에게 갈등의 원인이다.

특히 지출을 줄여야 할 때는 그동안의 소비 습관 때문에

싸움이 심해진다.

소득 감소로 재정 압박을 받는 가정이 많아지고 있다.

배우자가 가정의 재정 형편을 다르게 알고 있다면

언젠가 갈등이 폭발할 수 있다.

돈 문제로 자주 싸운다면 부부 회의 시간에

반드시 재정 상황에 대해 있는 그대로 나눠야 한다.

자녀에게도 정확하게 알려줘야 한다.

함께 알고만 있어도 해결이 시작된다.

〈끝까지 잘 사는 부부〉

● 오늘의 출발

**가정의 재정 상황을 나눈다.**

# 달라서 아름답다

태동부터 달랐던 아이들은 말을 시작한 시기도 모두 달랐다.

기는 시기도 달랐고, 일어서서 걷는 시기도 달랐다.

아무렇지 않게 다른 사람에게 안기는 아이가 있는가 하면,

낯가림이 심한 아이도 있었다.

20대가 된 지금도 세 아이는 다르다.

일하고 연애하고 결혼하는 모습도 다르다.

비전을 성취하는 방법도 다르다.

잘하는 것도 못 하는 것도 여전히 다르다.

그 다름을 보는 것이 엄마로서 나의 즐거움이다.

각자가 너무나 아름답기 때문이다.

〈하나님 아이로 키워라〉

오늘의 대화

**달라서 좋은 점 말하기**

# 사소한 습관들

배우자의 모든 습관은 자기 이야기가 있다.

결혼은 습관이 다른 두 사람의 만남이다.

다른 성장 과정이 있었기 때문에 당연히 습관이 다르다.

자기에게 익숙하지 않은 배우자의 습관이 갈등이 될 수 있다.

포도원을 망치는 작은 여우가

배우자의 사소한 습관일 수 있다.

부부가 작은 여우 떼를 함께 잡으면 된다.

그 기쁨을 누리는 방법이 있다.

1. 잔소리를 멈춘다.

2. 상대를 고치려는 생각을 버린다.

3. 습관이 생기게 된 이야기를 듣는다.

〈끝까지 잘 사는 부부〉

■ 오늘의 멈춤

**나는 잔소리를 하지 않는다.**

# 그녀를 위한 기도

야간 경계 근무가 있는 밤이면 그녀가 떠올랐다.

아직 특별한 감정이 일어난 것도 아니고,

교제하기로 약속한 사이도 아니었다.

그런데도 그녀가 자꾸 생각나서 기도를 시작했다.

교제하는 관계로 발전하지 않아도 괜찮다고 다짐하며 기도했다.

그런데 어느 날부터 나는 이렇게 기도하고 있었다.

"주님, 제가 지금 군대 안에 있는 것 아시죠.

주님이 도와주셔야겠습니다.

다른 형제들이 접근하지 못하도록

자매 주변에 방패를 좀 쳐주세요."

〈하나님 부부로 살아가기〉

오늘의 명언

**결혼은 기도로 준비한다.**

# 작은 갈등이 생긴다

작은 여우는 곰과 사자처럼 위협적이지 않다.

그래서 방심하기 쉽다.

부부 사이에 생기는 갈등도 마찬가지다.

살다 보면 부부관계에 큰 위기가 닥치고

불화가 일어나기도 한다.

그러나 그 이전에 작은 여우가 먼저 온다.

작은 갈등이 먼저 생긴다.

그것을 방치해서 위기를 맞은 것이다.

작은 갈등은 가정의 울타리를 허물고

그동안 애써서 가꿔 온 포도 열매 같은 결혼생활을 해친다.

〈끝까지 잘 사는 부부〉

● 오늘의 관찰

우리 집에서 잡아야 할
작은 여우는 어떤 것이 있을까요?

# 부부의 친밀한 언어

"설교 전에 한 가지 부탁이 있습니다.
게시판에 어느 학생이
'사모하는 간사님'이라고 글을 올렸더군요.
그런 표현은 오직 한 여자, 내 아내에게만 듣고 싶습니다.
우리 둘만의 사랑의 언어로 남아 있도록 도와주세요."
학생들의 환호와 박수 소리가 한참 동안 이어졌다.
오해가 될 만한 표현을 삼가달라고 학생들에게 부탁한 것은,
아내를 위한 배려임과 동시에 나 자신을 위한 방패였다.
남편인 내가 항상 깨어 있어야 하기 때문이다.

〈하나님 부부로 살아가기〉

오늘의 할 일

**부부 애칭 만들기**

# 변화를 따라간다

사람은 환경의 변화와 세월을 따라 바뀐다.

전혀 안 바뀌는 부분도 있지만 바뀌는 부분도 많다.

남편도 그렇다. 바뀌고 있다.

신체적인 부분도, 정신적인 부분도 변화를 겪는다.

습관도 바뀐다.

좋아하는 것도, 싫어하는 것도 달라진다.

나는 남편의 변화를 따라가며 그를 돕기로 했다.

관심과 사랑이 없다면 쉬운 일은 아니다.

고착된 인상으로 남편을 대하는 것이 훨씬 편하기 때문이다.

변화를 따라가는 일에는 수고가 따른다.

〈하나님 부부로 살아가기〉

■ 오늘의 명언

**배우자의 변화를 따라가며 돕는다.**

# 아빠가 세워주는
# 엄마의 권위

엄마가 말하면 '한 번에, 즉시로, 온전히, 기쁘게'
순종해야 한다고 나는 아이들에게 가르쳤다.
우리 가정은 앞으로 장기간 홈스쿨을 할 텐데,
교사로서 엄마의 권위가 세워져야 했다.
물론 아이들이 엄마를 존중하고
엄마도 아이들을 사랑하지만,
가정에서 엄마의 권위가 없어지면 교육이 되지 않는다.
그런데 가정에서 권위는 본인 스스로 만들기 어렵다.
서로 도와주어야 한다.
특히 엄마의 권위는 아빠가 세워줘야 한다.

〈하나님 부부로 살아가기〉

오늘의 명언
**엄마의 권위는 아빠가 세워준다.**

# 먼저 물어본다

처음에는 남편에게 물어보는 것이 쉽지 않았다.

내 생각대로 하는 게 더 편했다.

그런데 그의 생각을 묻기 시작하면서

남편이 원하는 방법으로 돕게 되었다.

집이 깨끗한 것보다 나와 함께 차를 타고 다니는 것이

더 좋다고 대답할 줄 몰랐다.

나에게는 집 청소가 더 중요했는데 남편은 달랐다.

남편의 생각을 물어보길 잘했다.

질문 자체가 남편을 돕는 방법이었다.

〈하나님 부부로 살아가기〉

■ 오늘의 질문

"내가 좋은 아내라고 생각할 때는 언제인가요?"
"내가 좋은 남편이라고 생각할 때는 언제인가요?"

# 하나님의 울타리

남편이 아프다. 나는 MRI 검사가 끝나기를 기다리며
병원 복도에서 주님을 바라보았다.
우리가 그동안 서로를 의지하며 살았다고 한들
우리를 둘러싼 하나님의 보호가 없었다면
인생의 추운 겨울 같은 날들을 견디지 못했을 것이다.
그동안 살아오면서, 하나가 넘어지면
다른 한 사람은 잘 견디어서 버팀목이 되었다.
그런데 지금은 둘 다 넘어지려 하고 있다.
우리 부부에게 하나님의 울타리가 필요했다.
지금이 바로 그 하나님을 의지할 때임을 깨달았다.

〈하나님 부부로 살아가기〉

오늘의 선포

**나는 하나님을 의지합니다.**

# 남편의
# 자존심을 지켜주자

남편들은 일하는 것이 매우 중요하다.

일이 없는 것처럼 보이기를 싫어한다.

내 남편도 다르지 않았다.

낮에 쓰레기 버리러 나가기 싫어하거나

평일에 택배나 세탁물을 받는 것을 꺼렸다.

내 강의 시간에 맞추어 기쁘게 차를 운전해서 데려다주었는데,

도착해서는 서둘러 벗어나고 싶어 하는 남편을 이해했다.

그런 모습을 불평 없이 받아들이는 것이 남편을 도와주는 것이다.

남편의 자존심이 중요했다.

〈하나님 부부로 살아가기〉

● 오늘의 성찰

언제 남편의 자존심이 상하는가?
남편의 자존심을 어떻게
지켜줄 수 있을까?

# 탱자나무 울타리

가정에 위기가 닥칠 때마다 나는 탱자나무 울타리를 기억했다.

그것은 마치 우리 가정을 보호하고 계시는

하나님의 크고 강한 팔과 같았다.

이른 봄을 제일 먼저 알려주던 매화가 지고,

주렁주렁 열렸던 매실마저 모두 떨어졌을 때도,

가을 하늘을 수놓은 감들이

감나무에서 전부 사라지고,

우리가 살던 화순 농가 주택에 추운 겨울이 왔을 때도,

탱자나무는 여전히 튼튼한 울타리가 되어

우리를 지켜주었다.

〈하나님 부부로 살아가기〉

오늘의 암송

주는 나의 은신처이오니 환난에서 나를 보호하시고
구원의 노래로 나를 두르시리이다 시 32:7

# 12

**8 AUGUST**

# 부부는 한편이다

주님의 도우심을 바라며 결혼 서약을 지키고, 싸우지 말라.
부부가 하나 됨을 지키면 마귀는 무기력하게 떠나고
하나님이 예비하신 복이 들어온다.
부부가 싸우면 부부 사이만 깨지는 것이 아니고
자녀의 마음도 깨진다.
스스로 분쟁하는 부부는 망한다(마 12:25).
그러나 부부가 서로의 편에 서면 원수가 망한다.
끝까지 남편의 편에서 있는 아내들 때문에 원수는 도망간다.

〈하나님 부부로 살아가기〉

□ 오늘의 부부 선언
"우리는 한편이다."
"우리는 적이 아니다."

# 19
**5 MAY**

# 부부의 차이

우리 부부는 개인 성향과 기질의 차이가 있다.

경험과 환경의 차이도 있고,

집안과 지역 간 문화 차이도 있다.

그러나 함께 사는 날이 계속되면서 그런 차이를 극복했다.

서로 이해하며 넓어지는 계기로 삼았다.

그런데 복병과도 같은 본질적인 차이가 있다는 것을 알았다.

우리는 남자와 여자였다.

그 차이가 생각보다 컸고, 달라도 아주 많이 달랐다.

〈하나님 부부로 살아가기〉

오늘의 나눔

**남자와 여자로서 서로 다른 점 나누기**

# 먼저 하나님을 바라보자

사면초가의 두려움이 덮칠 때는
배우자와 싸우지 말고 하나님을 바라보자.
그다음에 주님의 눈으로 서로 바라보자.
힘든 상황은 가장 나중에 살펴보자.
그러면 가정을 지킬 방법을 찾게 된다.

1. 남편의 기도
   "하나님 아버지, 눈을 들어 주님을 봅니다.
   아내를 바라보는 주님의 눈을 제게 주소서."

2. 아내의 기도
   "하나님 아버지, 눈을 들어 주님을 봅니다.
   남편을 바라보는 주님의 눈을 제게 주소서."

〈하나님 부부로 살아가기〉

■ 오늘의 기도
**배우자를 바라보는 주님의 눈을 제게 주소서.**

# 좋은 기억을 나누자

대화를 잘하면 좋은 부부가 된다.

좋은 기억부터 나누자.

장인, 장모와 시부모님에 대한 고정관념이 없는 상태에서

배우자의 원가족에 대한 좋은 이야기를 충분히 들어야 한다.

아내는 부모님에 대한 좋은 기억을 많이 이야기했다.

들을수록 나는 장인어른과 장모님이 더 가깝게 느껴졌다.

처가 식구들에 대한 어색함도 줄었다.

나도 우리 부모님에 대한 좋은 기억을 더듬어보게 되었다.

아내와 이야기하면 할수록 내 마음이 따뜻해졌다.

〈끝까지 잘 사는 부부〉

오늘의 기억

**부모님에 대한 좋은 기억을 나눈다.**

# 진짜 하고 싶은 말

옆집에서 부부싸움 하는 소리가 들린다.

이유가 무엇이든 옆집 젊은 아내가 소리를 지르는 것은

단지 화가 나서라기보다 두려움 때문이라는 생각이 들었다.

자기 남편을 향한 이런 외침으로 들렸다.

'나는 이 상황을 어떻게 해결해야 할지 모르겠어요.

더 이상 나 혼자 할 수 없어요.

당신의 관심과 도움이 정말 필요해요.

우리 가정이 지켜졌으면 좋겠어요.

우리 정신 차리고 이제부터라도 잘합시다.'

〈하나님 부부로 살아가기〉

■ 오늘의 관심

아내가 진짜 하고 싶은 말은 무엇일까?
남편이 받는 스트레스는 무엇일까?

# 성장 과정을 듣자

부모님에 대한 좋은 기억을 나누었다면
이제 어린 시절을 서로 이야기한다.
배우자의 성장 배경을 아는 것은 부부 대화의 기본이다.
결혼 연차와 관계없이 지금이라도 시작하라.
아직 늦지 않았다.
배우자의 유년 시절을 알고 있으면 현재의 모습을
이해할 뿐만 아니라 오랜 친구를 만난듯이
외로움이 사라진다.
특히 청소년기에 좋아했던 것과 싫어했던 것이 무엇이었는지
말하고 듣는 것만으로도 친밀한 부부가 된다.

〈끝까지 잘 사는 부부〉

오늘의 대화

**유년 시절의 따뜻했던 기억과
청소년기에 좋아했던 취미 나누기**

# 아이들은
# 행복할 권리가 있다

아이들은 오늘을 행복하게 살 권리가 있다.

누가 무슨 권리로 그들의 행복을 빼앗는단 말인가.

무슨 이유로 아이들의 생활을 이처럼 피곤하게 만드는가.

왜 그들의 정서를 말리고, 머리를 꽉 채우게 하는가.

세상의 이론과 허망한 것들을 분별없이 따르고 있는가.

아이들의 주인이신 하나님은

그 책임을 국가나 제도에 묻기 전에

각각의 부모에게 물으실 것이다.

자녀를 그들의 부모에게 맡겼기 때문이다.

〈하나님 아이로 키워라〉

 오늘의 반성

**나는 자녀의 행복을 빼앗고 있지 않은가?**

# 대화의 폭을 넓힌다

배우자의 관심사와 취미에 대한 이야기는 삶에 향기를 준다.

나는 축구를 좋아한다.

내가 축구 경기를 보고 있으면 아내가 내 옆에 앉는다.

축구를 좋아하지도 않고 규칙도 잘 모르는 아내가

내 관심사에 관심을 보인다.

어느 날 아내가 내 책꽂이에 있던

《축구, 아는 만큼 보인다》를 읽기 시작했다.

책을 읽으면서 자주 내게 질문했고,

나는 아는 만큼 설명을 해줬다.

그럴 때 내 안에 엔도르핀이 솟았다.

〈끝까지 잘 사는 부부〉

**오늘의 실천**

배우자가 관심 있는 것에 관심을 갖는다.

# 놀 시간이 없는
# 아이들은
# 행복하지 않다

많은 부모가 아이들이 친구를 만나기 위해서라도

학원에 가야 한다고 말한다.

그래서 밤늦도록 자녀들이 다음 학원버스를 타기 위해

바삐 뛰고 있다.

학원가에서 아이들이 이리저리 뛰어다니는 모습을 보면서

나는 걱정이 앞섰다.

'이 아이들의 이런 수고가 정말로 필요할까?'

'자기 부모에게 감사할 수 있을까?'

'이 아이들은 행복할까?'

〈하나님 아이로 키워라〉

● 오늘의 자문
**우리는 무엇을 향해 달려가고 있는가?**

# 배우자의 취미에
# 관심 갖기

배우자의 관심사에 관심을 갖고 먼저 질문하면
즐거운 대화가 이어진다.
만약 음향기기에 관심이 많은 남편이라면
그것을 좋아하게 된 계기를 물어보면 된다.
유난히 특정 작가의 책을 고집하는 아내에게도 마찬가지다.
육아와 가사도 중요하지만,
상대가 관심갖는 분야에 대해 질문하면
부부 대화는 차고 넘친다.
질문은 관심이고 관심은 사랑이다.
그러므로 부부 대화는 곧 사랑이다.

〈끝까지 잘 사는 부부〉

오늘의 질문
**배우자의 관심 분야에 대해
먼저 물어본다.**

# 아이의 행복을
# 지켜주라

아이들의 삶은 아이들의 것이고, 부모의 삶은 부모의 것이다.
부모가 지나치게 간섭하면 아이들이 삶의 지혜를
스스로 배우지 못한다. 부모도 피곤해 지친다.
이것은 헛된 수고다.
어렸을 때 충분히 놀게 하자.
어린 나이에 놀 때는 의지력이 필요하지 않고
그냥 즐기기만 하면 된다.
놀이는 상상력과 창의력을 자연스럽게 일으킨다.
그렇게 노는 아이는 행복한 사람이 된다.
그 행복을 지켜주는 것이 바로 부모의 역할이다.

〈하나님 아이로 키워라〉

■ 오늘의 결심
**아이의 행복을 지켜주는 부모가 되겠다.**

# 대화의 기술

첫째, 에너지를 충전한 뒤 대화한다.
잠이 부족하거나 배가 고프면
정상적인 대화를 못 하는 사람이 많다.
그런 사람은 미리 잠깐 잠을 자거나
간단한 음식을 먹은 다음에 대화를 시작하는 것이 좋다.

둘째, 시간과 장소에 맞는 대화를 한다.
집이나 카페, 공원이나 자동차 안에서 할 대화를 구분한다.
출퇴근 시간이나 주말 아침,
또는 잠자기 전이나 식사시간 등에 따라
대화 주제도 다르게 한다.

〈끝까지 잘 사는 부부〉

오늘의 고찰

**대화 기술이 없어 다투었던 적은 언제인가?**

**6**
8 AUGUST

# 부모가 빠지는
# 함정이 있다

초등학생 자녀들은 대부분 부모가 원하는 대로 따라온다.

특히 엄마가 하라는 공부에 조금만 집중하면 결과가 나온다.

성적이 오르지 않으면 그 정도에서 멈추는데,

좋은 성적이 나오니 점점 더 공부를 시킨다.

아이들도 욕심을 낸다.

부모들은 아이들을 밀어붙이면 된다는 무서운 함정에 빠진다.

그러나 청소년이 되면 공부에 지치는 경우가 많다.

의지력이 바닥난다. 그런데도 부모는 밀어붙인다.

여기서 자녀와 심각한 갈등이 싹튼다.

〈하나님 아이로 키워라〉

⬤ 오늘의 대화
**자녀양육의 목표는 무엇인가?**

날마다 행복한 우리집 365

# 배우자의 상태를
# 배려하며 대화한다

기분이 좋을 때와 피곤할 때의 대화 주제를 다르게 해야 한다.

우선 피곤하면 쉬어야 한다.

침묵도 대화의 한 방법이다.

배우자가 일에 지쳐 있을 때는 대화를 미루는 것도 지혜다.

퇴근하고 피곤하게 집에 들어온 사람을 붙잡고

대화를 시작하거나, 육아에 지쳐 쓰러져 있는데

무거운 주제를 꺼낸다면 누구나 말하기 싫다.

대화를 기피하는 것이 아니고 단지 피곤한 것이다.

체력을 회복한 후에 대화해도 늦지 않다.

〈끝까지 잘 사는 부부〉

오늘의 지혜

**피곤할 때는 쉬게 한다.**

# 하나님을 의지하는
# 엄마는 강하다

기도하는 엄마는 마음이 편하다.

하나님이 자녀를 이끄시고 인도하심을 알기 때문이다.

기도하는 엄마는 잠도 잘 잔다.

하나님이 지켜주심을 믿기 때문이다.

그래서 기도하는 엄마는 이제 약하지 않다.

벌벌 떨거나 쉽게 좌절하지 않는다.

기도하는 엄마는 이제 강하다.

강하고 능하신 하나님의 팔을 의지하고 기도하면서

자신도 강해졌다.

〈하나님 아이로 키워라〉

■ 오늘의 기도

기도하는 엄마가 되게 하소서.
하나님을 의지하는 강한 엄마가 되게 하소서.

# 부부 회의

부부가 함께 결정해야 할 수많은 일을 위해서는
정기적으로 부부 회의 시간을 갖는다.
먼저 회의 장소와 시간을 정한다. 그다음 안건을 정한다.
자녀의 진로, 양가 가족과 부모님에 대한 의논,
명절과 경조사 계획, 집의 이사와 재정 문제 등
그때그때 필요한 것을 안건으로 삼는다.
안건에 대한 의견을 각자 미리 생각하고 준비해서 참석한다.
결정한 시간이 끝나면 바로 회의를 마친다.
부부 회의를 하면 다른 대화시간이 훨씬 부드럽고 편해진다.

〈끝까지 잘 사는 부부〉

오늘의 결정
정기적인 부부 회의 시간 정하기

# 기도하는 엄마는
# 강하다

사탄은 기도하는 엄마를 무서워한다.

돈 많은 엄마나 예쁜 엄마보다 더 무서워한다.

학벌 좋은 엄마보다 기도하는 엄마가 훨씬 더 무섭다.

기도하는 엄마는 하나님을 부르기 때문이다.

하나님으로 하여금 자녀를 위해 일하시게 하기 때문이다.

하나님이 일하시면 사탄의 일들이 다 무산되고

결국 자신만 쫓겨나게 되기 때문이다.

그래서 사탄은 엄마들을 바쁘게 만든다.

기도할 틈이 없게 한다.

기도할 마음조차 잃어버리게 한다.

〈하나님 아이로 키워라〉

● 오늘의 실천

**자녀를 위한 기도 노트 만들기**

# 우리가 기도하면
# 하나님이 일하신다

누구든지 왜곡된 것을 보고 듣고 오래 접하다 보면
잘못된 가치관을 갖게 된다.
이것은 진리를 볼 수 없게 막는 벽을 형성한다.
이 벽이 깨져야 하나님의 구원의 빛을 보게 된다.
이것이 우리의 기도제목이다.
우리가 기도하면 하나님이 일하신다.
우리가 기도하면 하나님의 능력이 벽을 깬다.
우리가 기도를 멈추지 않으면
하나님도 벽을 깨는 일을 멈추지 않으신다.
하나님은 우리의 기도를 통해 사람들의 가치관을 바꾸신다.

〈기도는 죽지 않는다〉

오늘의 선포

**내가 기도하면 하나님이 일하신다.**

# 엄마의 기도는
# 자녀를 살린다

하늘 제단에는 금향로가 있다.

이 땅에서 드리는 성도의 기도는 향기가 되어 그곳에 담긴다.

그중에는 분명 자녀를 위한 엄마의 기도가 많을 것이다.

엄마의 기도는 사라지지 않고 담긴다.

엄마의 기도는 없어지지 않고 쌓인다.

포기하지 않는 엄마의 인내하는 기도가 쌓이고 쌓여,

언젠가 분명 향로를 가득 채우게 된다.

그러면 향기는 부어지고 엄마의 기도는 응답을 받는다.

자녀는 회복되고 돌아오며 복이 될 것이다.

〈하나님 아이로 키워라〉

오늘의 선포

**엄마의 기도는 사라지지 않고
반드시 응답된다.**

# 가족 구원을 위해
# 기도하자

가족 중에 예수님을 믿지 않는 사람이 있다.

아무리 복음을 전해도 거절하고 외면하면

전도를 포기하고 싶어진다.

그러나 하나님은 모든 사람이 구원을 받고

진리를 아는 데 이르기 원하신다.

그분은 우리 가족 중 그 누구도 포기하지 않으신다.

가족 모두 진리를 알고 구원받기 원하신다.

그래서 하나님은 기도하도록 우리를 부르신다.

우리의 기도를 통해 일하시기 때문이다.

〈기도는 죽지 않는다〉

오늘의 암송

하나님은 모든 사람이 구원을 받으며
진리를 아는 데에 이르기를
원하시느니라 딤전 2:4

# 성령을 구하라

자녀들은 세상에서 노출되어 있다.

당연히 영향을 받을 수밖에 없다.

부모를 불안하게 하고, 때로는 두렵게 한다.

그러나 잘못된 이론과 세상의 영향으로 형성된

견고한 진을 깨는 무기는 엄마의 말이 아니다.

오직 성령의 능력이다.

위기에 처한 자녀를 위해 기도할 때는

성령을 부어달라고 간구해야 한다.

성령이 임하면 자녀들은 자기 스스로 변화하고 싶어진다.

엄마 아빠가 아무리 큰 소리로 말해도 바뀌지 않는

자녀들도 심령이 새로운 사람이 된다.

〈하나님 아이로 키워라〉

🔵 오늘의 간구

**우리 아이에게 성령을 부어주소서.**

# 가족을 위한 금식기도

음식을 먹지 않는 것만이 금식기도가 아니다.
기도에 집중하기 위해 자기가 평소에 좋아하던
무엇인가를 끊고 기도하면 그것이 금식기도다.
나는 커피를 좋아하는데 2년 동안 커피 금식을 했었다.
결국 하나님의 응답을 받았고,
가정 안에 크고 놀라운 일이 일어났다.
혹 자녀들이 스마트폰에서 벗어나기를 원한다면
부모가 먼저 미디어 금식을 하면 된다.
그밖의 여러 상황에서 가정에 변화를 일으키고 싶다면
금식기도를 권한다.

〈기도는 죽지 않는다〉

오늘의 용기

**기도에 집중하기 위해
끊어야 할 것 결정하기**

# 아이들은
# 친구가 필요하다

우리 가족은 옮겨 다니면서 사역했다.

아이들도 친구와 만났다가 헤어지기를 반복했다.

헤어짐이 반복되면 새로운 사귐에 어려움이 생긴다.

아이들에게는 지속적으로 우정을 나눌 수 있는

친구가 필요했다.

친구 관계는 무엇보다도 중요한 일 아닌가.

오가면서 만나더라도 하나님이 예비하시고

응답하신 친구라면, 서로 잘 알아볼 수 있도록 기도했다.

또 우리 아이들이 누군가에게 좋은 친구가 되어주길

늘 기도했다.

〈하나님 아이로 키워라〉

● 오늘의 기도

**자녀의 친구들을 위한 축복기도 하기**

# 집에서 예배하라

주님은 찬송 중에 거하신다.

우리가 찬양하면 그곳에 임하신다.

주님이 빛으로 오시면 어둠은 사라진다.

깜깜한 방에서 전등 스위치를 누르면

방 안이 금세 환해지는 것처럼

우리가 찬양하면 영적 어둠이 도망간다.

가정 안에 있는 어둠이 사라져야

가족들이 진리를 제대로 보고, 예수님을 받아들일 수 있다.

가족 구원을 바란다면 먼저 집에서 예배하자.

가족 중 한 명이라도 예수님을 주인으로 인정하고

예배하면 주님이 그 집의 주인이 되신다.

〈기도는 죽지 않는다〉

오늘의 예배

**주님을 우리 집으로 초청하면서 찬양한다.**

날마다 행복한
우리집
365

8

AUGUST

좋은가정TV

# 처가를 위한 기도

하나님 아버지, 저를 처가에 가족이 되게 하시고
처가를 위해 기도하게 하시니 감사합니다.
처가 식구 모두 구원받길 기도합니다.
온 가족이 다 같이 예배하는 모습을 그립니다.
가족이 손잡고 기도하는 모습을 상상합니다.
주의 나라를 구하고 주의 이름을 영화롭게 하는
가족이 되게 해주소서.
그런 가족들을 바라보며 환하게 웃는 아내 모습을 그립니다.
이 모든 소망의 그림이 실상이 되게 해주옵소서.
예수님의 이름으로 처가의 모든 가족을 축복하며 기도합니다.
아멘.

〈기도는 죽지 않는다〉

# 자녀의
# 결혼을 위한 기도

하나님 아버지,

우리 아이가 벌써 성인이 되었습니다.

결혼을 위해 기도하는 복을 주시니 감사드립니다.

결혼에 대한 소망을 우리 아이에게 주소서.

좋은 가정을 이룰 수 있다는 믿음을 주소서.

주님이 예비하신 짝을 만나는 복을 주옵소서.

결혼해서 양가 가족에게 사랑받고

축복받는 모습을 그려봅니다.

복을 받고 세상에 나눠주는 복된 가정을 소망합니다.

이런 소망의 그림이 실상이 되게 해주소서.

예수님의 이름으로 기도합니다. 아멘.

〈기도는 죽지 않는다〉

날마다 행복한
## 우리집
365

# 6

JUNE

좋은가정TV

# 가족을
# 축복하는 방법

민수기 6장에는 우리를 향한 하나님의 마음이 쓰여 있다.

- 복을 주고 싶다.
- 지켜주고 싶다.
- 얼굴의 빛을 비추어 은혜를 주고 싶다.
- 얼굴을 향하여 들고 평강을 주고 싶다.

이 말씀을 읽기만 해도 하나님이 얼마나
우리를 사랑하시는지 알 수 있다.
그분은 우리에게 복 주기를 간절히 원하신다.
가정에서 축복을 선포하는 방법은 어렵지 않다.
이 말씀을 한 구절씩 읽으면서 따라 하면 된다.

〈기도는 죽지 않는다〉

● 오늘의 축복
민수기 6장 24-26절을 따라 가족을 축복한다.

 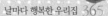

# 동생은 선물이다

둘째를 임신했다.

동생은 선물이라고 가르치기 위해

큰아이에게 선물을 주었다.

치즈케이크, 책, 아이스크림 등 아이가 좋아하는 것을 주면서

'동생 기념 선물'이라고 이름 붙였다.

엄마 배 속에 있다는 동생 덕분에 큰아이는 선물을 많이 받았다.

말 그대로 동생은 축복의 통로였다.

엄마 배가 커질수록 선물도 늘어갔다.

동생이 태어난 날은 말할 것도 없다.

동생이 태어난 후에도 큰아이가 동생 때문에

선물을 받는 일은 계속되었다.

〈하나님 아이로 키워라〉

오늘의 지혜

**동생을 좋아하게 하는 방법 찾기**

# 가족을 축복하며 기도한다

가족을 축복하면 하나님이 복을 주시고,

비로소 진정한 변화가 일어난다.

그래서 가족을 위해 기도할 때는 축복으로 마무리해야 한다.

특별히 부모는 자녀를 축복해야 한다.

자녀를 위해 기도하고 축복하는 것은 부모의 중요한 역할이다.

부모의 축복을 받고 자란 자녀는 성품이 안정되고,

모든 일에 자신감이 있고, 사람들과 좋은 관계를 이룬다.

부모의 축복을 통해 하나님의 빛이

자녀의 마음 깊은 곳까지 비춰지기 때문이다.

〈기도는 죽지 않는다〉

● 오늘의 기도

**가족을 축복합니다.**
**약속하신 복을 주옵소서.**

# 동생이 태어난 날

동생이 태어나는 날은
특별 선물이 있을 것이라고 미리 알려주었다.
드디어 동생이 태어났다.
아빠는 약속대로 아이를 데리고 서점에 갔다.
사고 싶은 책을 마음껏 골라도 된다고 말해주었다.
오빠가 된 특별한 날이니까.
평소 책을 한 권씩만 살 수 있었지만,
그날은 좋아하는 책을 열 권이나 받았다.
둘째가 태어난 특별한 날은
첫째도 오빠가 된 특별한 날이기에 마음껏 축하해주었다.

〈하나님 아이로 키워라〉

오늘의 질문
**동생이 태어난 기념으로 무엇을 선물했나요?**

# 권세를 사용하라

우리가 명령하면 사단은 떠나간다.

우리가 대적하면 마귀는 힘을 잃는다.

사단이 우리 생각을 침범할 때도

똑같은 방법으로 쫓아내야 한다.

부정적인 생각은 자신과 가족 모두에게 해가 된다.

나쁜 생각이 떠나가고 좋은 생각이 들어오도록

담대하게 선포하자.

우리에게 권세가 있다. 천국 열쇠도 있다.

이 열쇠를 사용해서 땅에서 묶고 풀면,

하늘에서도 묶이고 풀린다.

마귀가 떠나가고 우리 가정은 하나님의 집이 된다.

〈기도는 죽지 않는다〉

■ 오늘의 말씀

**마태복음 16장 15–19절을 읽고 묵상하기**

# 동생이 좋아요

둘째 아이가 태어났을 때, 우리 부부는 역할을 분담했다.
갓 태어난 동생 때문에 엄마와 놀 시간이 줄어든
큰아이를 데리고 아빠가 자주 외출했다.
그때마다 작은 선물을 하나씩 사주며
"엄마 아빠는 여전히 너를 사랑한다"라고 말했다.
큰아이는 동생을 무척 예뻐했다.
조심스레 손과 발을 만져보고 머리도 쓰다듬었다.
그러다가 배 위에 손을 얹고
자기 동생을 건강하게 자라게 해달라고 기도하곤 했다.
동생을 키우느라 수고하는 엄마도 많이 도와주었다.

〈하나님 아이로 키워라〉

오늘의 외출
**큰아이하고만 둘이 놀러 간다.**

# 배우자가
# 좋아하는 음식을 안다

나는 깊은 산골에서 나고 자랐다.

잡곡밥과 여러 종류의 나물과 시래기 된장국은

어린 시절에 주로 먹던 음식이다.

그러나 남편은 바닷가 근처에서 나고 자랐다.

꼬막과 굴과 전어를 좋아한다.

나는 남편 덕분에 창란젓과 감태와 게국지를 먹었다.

명절에는 소라와 굴과 꽃게를 산다.

감태를 굽고 매생이국을 끓인다.

남편이 피곤할 때는 늘 굴을 산다.

남편이 내가 만든 굴 무침을 맛있게 먹을 때,

정말 행복하다.

〈하나님 부부로 살아가기〉

■ 오늘의 관심

**배우자가 특별히 좋아하는 음식은 무엇인가?**

# 4

6 JUNE

# 큰아이를
# 기억해주세요

동생이 생기면 첫째 아이가 무척 힘들어한다는 이야기를
종종 듣는다.
자신이 받던 관심과 사랑이 단번에 동생에게 옮겨가면
충격을 받을 수밖에 없다.
그래서 부모는 이를 소홀히 여기지 말고
큰아이의 충격을 완화시켜줄 준비를 반드시 해야 한다.
둘째 아이가 태어난 것을 축하하러 오겠다며
무엇이 필요한지 물어보는 지인들에게
우리는 큰아이 선물을 부탁했다.
오빠가 된 것을 축하한다는 말을 꼭 해달라는 부탁도
잊지 않았다.

〈하나님 아이로 키워라〉

오늘의 다짐
**첫째 아이의 필요를 알고 돌아본다.**

# 서로 돕는 부부가 되는 다섯 가지 방법

우리 부부는 서로 돕기로 했다.

둘이 하나가 되는 결혼의 축복을 마음껏 누리고 싶었기 때문이다.

며칠 동안 의논하면서 구체적인 항목을 결정했다.

어려운 것은 모두 제외하고 가능한 것으로 추려보니

다섯 가지가 있었다. 당장 실천하기로 했다.

1. 격려와 감사의 말 하기
2. 서로의 공간을 존중하기
3. 취미생활을 응원하기
4. 은사 계발과 비전 성취 돕기
5. 일상의 작은 즐거움을 지원하기

〈끝까지 잘 사는 부부〉

● 오늘의 자문

**우리 부부가 서로 돕는 방법은 무엇인가?**

# 동생을 위해
# 기도하는 오빠

둘째가 태어나고 며칠 만에 황달기가 보였다.
다음 날까지 일정한 수치로 내려가지 않으면
반드시 입원해야 한다고 의사가 말했다.
나는 잠을 못 자고 기도했다.
큰아들도 동생 몸에 손을 얹고 간절히 기도했다.
"하나님, 우리 동생 황달 수치가 내려가게 해주세요."
다음 날 병원에 갔더니 황달 수치가 내려가서
입원하지 않아도 된다고 했다.
의사의 말을 전해 들은 아들은 뛸 듯이 기뻐했다.

〈하나님 아이로 키워라〉

오늘의 나눔

**형제를 위해 기도했던 일**

# 돕는 배필이 되는
# 일곱 가지 방법

돕는 배필로 번역한 단어와 하나님이 우리를 도우신다는
단어는 같은 뜻이다. 하나님이 자신을 어떻게 도우셨는지 기억
하고 적용하면 배우자를 도울 수 있다. 그것이 돕는 배필이다.
결혼 초기, 나는 남편을 돕는 일곱 가지를 정했다.

1. 말로 돕는다.
2. 믿고 따른다.
3. 맛있는 밥을 차려준다.
4. 남편의 편에 선다.
5. 자존심을 지켜준다.
6. 판단하기 전에 먼저 질문한다.
7. 남편의 변화를 따라간다.

〈하나님 부부로 살아가기〉

■ 오늘의 적용

**돕는 배필 항목 정하기**

# 6 JUNE

# 큰아이 세워주는 날

그날 가족의 시간은 큰아들을 세워주는 날로 정했다.

"아빠가 없을 때 엄마를 도와주고 동생들을 돌봐주었다고
들었어. 아빠는 네가 고맙고 자랑스럽구나"

"어제저녁에 엄마 어깨를 두드려줘서 정말 상쾌했단다.
밥 먹을 때 맛있다고 말해줘서 기분이 좋았어. 고맙다 아들."

"형이 블럭놀이랑 칼싸움 같이 해줘서 정말 좋았어. 고마워.
음… 힘센 형아가 있어서 나는 참 좋아."

"오빠가 목요일에 만들어준 계란 요리가 정말 맛있었어.
오빠 고마워."

〈하나님 아이로 키워라〉

오늘의 할 일
**큰아이 세워주기**

# 말 한마디가
# 살리기도 하고 죽이기도 한다

말에는 힘이 있다.

사람을 죽이기도 하고 살리기도 한다(잠 18:21).

특히 부부 사이의 말은 더 큰 힘이 있다.

밖에서 안 좋은 말을 듣고 집에 왔는데

배우자에게서 부정적인 말을 또 듣는다면,

얼마나 힘이 빠지겠는가?

반대로 여러 가지 일로 몸과 마음이 지쳐 있을 때

배우자의 따뜻한 한마디 말이

얼마나 큰 위로와 힘이 되겠는가!

〈끝까지 잘 사는 부부〉

● 오늘의 용기

가장 듣고 싶은 말이 무엇인지 먼저 질문하기
서로 살려주는 말을 하자!

**7**
**6 JUNE**

# 형제 우애를
# 지키는 법

사춘기에 접어든 큰아이가 까칠했다.

자기 책을 만지지 말라며 경고했다.

나는 하던 일을 멈추고 가족의 시간을 갖자고 제안했다.

"오늘은 서로의 좋은 점을 말해볼까?"

식탁에 빙 둘러앉아 서로의 장점을 말했다.

그 시간이 끝나고 큰아들이 내게 와서 말했다.

"동생들이 내게 불만이 많은 줄 알았어요.

내가 요즘 까칠하게 굴었잖아요.

그런데도 나의 좋은 점을 말해주다니…."

큰아이는 동생들이 궁금해하던 자기 책을 꺼내 보여주었다.

〈하나님 아이로 키워라〉

오늘의 대화
**서로의 장점 말하기**

# 내 입에서
# 지워야 할 말

배우자가 유난히 싫어하는 말이 있다면 그만 말해야 한다.

아무리 필요한 말이더라도 반복하면 잔소리가 된다.

잔소리는 참견하는 말이고 꾸중하는 분위기에서

쓸데없이 자질구레하게 말하는 것이다.

그 말을 하는 동기는 좋을지라도 잔소리는 '혼잣말'이다.

상대방이 듣고 있지 않고, 말하는 사람만 지친다.

잔소리를 그만두고,

차라리 배우자의 습관이 바뀌도록 기도하는 것이

훨씬 효과적이다.

하나님이 도와주신다.

〈끝까지 잘 사는 부부〉

● 오늘의 관찰

**배우자가 싫어하는 말이 있나요?**

# 우애 있는 사진을
# 늘 보게 한다

아이들이 함께 찍은 사진이 많다.

동생의 몸에 손을 얹고 기도하는 사진과

다같이 책을 읽는 사진, 누나와 인형놀이 하는 모습도 있다.

무엇보다도 형제끼리 사이좋게 웃고 노는 사진이 제일 많다.

이런 사진들은 서로 사랑했던 모습을 확인시켜 준다.

나는 가족의 시간에 그 사진들을 자주 보여준다.

그중에 몇 장은 액자에 담아 항상 거실에 세워 두었다.

사이좋은 어린 시절 모습을 보면서

언제나 우애 있는 형제로 살게 하려는 마음에서다.

〈하나님 아이로 키워라〉

오늘의 적용
**가족사진 꺼내 보기**

# 22
**7 JULY**

# 부부 대화의
# 더하기와 빼기

흙에 영양분을 더하듯 배우자의 마음을
부드럽게 하는 말을 더하자.
과실 솎아내기를 하듯 배우자를 기분 나쁘게 하는 말은 빼자.
무슨 말을 더하고 빼야 할지 모른다면 배우자에게 물어보라.
누구든지 듣고 싶은 말과 듣기 싫은 말이 있다.
집에 들어오면, 나를 보자마자 손 씻으라고 아내가 말했다.
어느 날, 내가 알아서 할 거니까 더 이상 말하지 말라고
아내에게 부탁했다.
그 이후에 아내가 그 말을 뺐다.
내가 존중받는다고 느꼈다.

〈끝까지 잘 사는 부부〉

■ 오늘의 선택

**부부 대화에서 더하기와 빼기**

# 형제 사이를
# 이간하지 마라

부모가 형제 사이를 갈라놓을 수 있다.

부모의 말 한마디가 형제 사이를 이간시킨다.

특히 형제를 비교하는 말을 입 밖에 내지 않도록

극히 조심해야 한다.

이는 서로 사랑해야 하는 형제 사이를

경쟁 상대로 여기게 하는 나쁜 말이다.

형제 사이를 이간하는 자를 하나님이 미워하신다(잠 6:16-19).

하나님이 이를 특별히 미워하시는 까닭은,

그들이 마땅히 받아야 할 축복마저 빼앗기기 때문이다.

〈하나님 아이로 키워라〉

오늘의 결심

비교하는 말은 절대 안 한다.

# 남편의 기분을
# 좋게 해주세요

일반적으로 여자들은 외모에 관심이 많다.

하지만 대다수의 남자들은 외모보다는

'자기가 한 일'이 중요하다.

"당신은 영화배우 000를 닮았어"라는 말보다

"당신은 ○○○를 참 잘한다"라는 말을

아내에게 듣고 싶어한다.

"당신이 ○○○를 해줘서 고마워"라는 말을 들으면

더 기분이 좋아진다.

아내에게 인정받는 말을 들으면 기분이 좋아진다.

〈끝까지 잘 사는 부부〉

■ 오늘의 적용

**남편을 기분 좋게 하는 말 하기**

# 자녀를
# 비교하지 마라

나는 베란다 정원에서 꽃을 가꾸고 있다.

서로 비교하는 것이 얼마나 덧없는지 꽃을 보면서 배운다.

꽃들은 모두 다르다.

잎의 모양과 색깔이 다르고, 씨 맺는 모습도 다르다.

향기를 토하는 꽃도 있고, 향기 없는 꽃도 있다.

크고 화려한 꽃도 있고, 작고 수수한 꽃도 있다.

봄에 피는 꽃, 겨울에 피는 꽃, 물을 좋아하는 꽃,

물을 싫어하는 꽃, 머리 들고 피는 꽃, 고개 숙여 피는 꽃.

다름을 나열하자면 끝이 없다.

우리 아이들도 마찬가지다.

〈하나님 아이로 키워라〉

오늘의 감사

**자녀들이 모두 특별해서 감사해요.**

# 아내의 기분을 좋게 해주세요

"내가 무슨 말을 할 때 당신은 기분이 좋은가?"

아내의 대답은 단순하고 분명했다.

"내가 만든 음식을 맛있다고 말할 때."

그때부터 나는 식사 때마다 맛있다고 말한다.

아이들도 따라 한다.

"엄마, 정말 맛있어요".

아내를 축복해달라는 식사 기도도 잊지 않는다.

반찬이 맛있다면서 어떻게 만들었는지 물어보면

아내는 더 좋아한다.

아내의 기분이 좋아지면서 집안 분위기도 좋아진다.

〈하나님 부부로 살아가기〉

● 오늘의 질문

**무슨 말을 하면 기분이 좋은지
아내에게 물어본다.**

# 자녀의 빛깔과
# 모양을 존중하라

나는 꽃들에게 무리한 요구를 하지 않는다.

달맞이꽃에게 해바라기가 되라고 하지 않는다.

제라늄에게서 야래향의 향기를 찾지 않는다.

씨클라멘에게 봉숭아처럼 한여름에 피라고 재촉하지 않는다.

팬지에게 장미를 닮으라고 말하지 않는다.

나는 아이들에게 서로 달라서 좋다고 가르친다.

하나님 앞에서 자기 자신이 되라고 말한다.

자신의 빛깔과 모양을 사랑하고

자신만의 향기를 발하도록 이끈다.

나는 각기 다른 아이들의 기질을 인정하고 존중한다.

〈하나님 아이로 키워라〉

오늘의 자문

**나는 어떤 꽃일까?**

날마다 행복한 우리집 365

# 육아 갈등을
# 줄이는 법을 찾자

둘째 아이의 출산 전후로 부부 갈등이 많아진다.

둘째 아이를 키우는 일은 단지 두 명을 키우기 때문에

두 배 정도 힘든 것이 아니다.

첫아이를 키울 때보다 훨씬 더 어렵다.

어느 때보다도 집안일을 함께해야 하는 시기다.

남편들은 집에 오기 전에 체력을 남겨와야 한다.

깨어 있어야 갈등을 줄일 수 있고

작은 여우가 틈을 타지 못한다.

〈하나님 부부로 살아가기〉

● 오늘의 실천

**아내의 육아 피로를 줄여주는 방법을 찾는다.**

# 우애 있는
# 자녀를 보는 행복

나는 시편 133편처럼 우리 아이들이 연합하여
함께 사는 모습을 그려본다.
오손도손 사이좋게 살아가는 형제들의 모습은
생각만 해도 기분 좋고 유쾌하다.
머리에 있는 기름이 옷깃까지 흘러가듯
형제 사랑이 자연스럽게 흘러가야 한다.
아들딸이 싸우지 않고 먼저 양보하고 배려하고,
즐겁게 놀고 서로 아껴주고 도와주는 모습을 보는 것,
그것이 부모의 가장 큰 행복이다.

〈하나님 아이로 키워라〉

오늘의 할 일
우애 있는 모습에 감동했던 이야기를
자녀에게 들려주기

**18**

# 부부가 우선이다

아무리 자녀가 사랑스럽거나 부모님을 돌봐야 해도
배우자보다 우선은 아니다.
부부가 되었다는 것은 그 어떤 사람도
둘 사이를 비집고 들어올 수 없다는 뜻이다.
좋은 부부가 되면, 좋은 부모가 된다.
좋은 자녀의 역할도 쉬워진다.
부부는 한 몸, 즉 나눌 수 없는 한 사람이다.
우선권이 무너진 부부의 틈은 작은 여우가 들어오는 문이다.
여우가 들어오면 포도원이 위험하다.

〈하나님 부부로 살아가기〉

● 오늘의 다짐
'내 삶의 우선권은 내 아내입니다.'
'내 삶의 우선권은 내 남편입니다.'

# 껌 세 조각

"와, 권사님이다."

예배당에서 권사님이 보이자 막내가 반갑게 뛰어갔다.

늘 친할머니처럼 예뻐해주신다.

권사님이 껌 하나를 아들에게 주었다.

아들은 예배드리는 내내 껌을 들고 있더니,

'하나, 둘, 셋' 또박또박 세면서 껌을 삼등분했다.

예배가 끝나자 한 조각의 껍질을 벗기더니 자기 입에 넣었다.

남은 두 조각은 주일학교 예배를 마치고 나온

형과 누나를 기다렸다가 내밀었다.

"자, 선물이야. 형 하나, 누나 하나."

〈하나님 아이로 키워라〉

오늘의 기도

**자녀들이 평생 우애 있게 살게 하소서.**

# 갈등도 사랑의 증거

아가서 2장에 나오는 작은 여우는 포도원을 해치려고 왔다.

이 작은 여우를 잡아야 한다.

그런데 포도원을 어떻게 찾았을까? 꽃향기를 맡고 왔다.

만약 꽃이 피지 않았다면 향기도 나지 않고

여우도 오지 않았다(아 2:15).

꽃향기는 좋은 일이다.

꽃이 피듯 좋은 일이 있을 때 갈등이 시작된다.

따라서 부부 사이에 갈등이 있다면

여유를 갖고 긍정적으로 생각해야 한다.

갈등하고 있다면 아직 사랑하고 있다는 증거다.

〈하나님 부부로 살아가기〉

■ 오늘의 여유
**먼저 마음의 여유를 갖자.**

# 균형론의 함정

균형론은 모든 상황에서 통하는 절대적인 진리가 아니다.
균형 있는 사람만이 훌륭한 일을 하는 것은 아니기 때문이다.
하나님 나라에서는 더욱 그렇다.
예수님의 제자들은 과격한 삶을 살았다.
그들에게 단점과 약점이 있었지만,
균형을 잡으려고 하지 않고 자신의 장점과 강점을 활용해서
하나님이 주신 소명을 이뤘다.
따라서 배우자의 단점을 지적해서
균형을 잡아주는 것이 사랑이라고 생각하는 것은
때론 함정에 빠지는 일이 될 수 있다.

〈하나님 부부로 살아가기〉

오늘의 결심
**나는 배우자의 단점을
지적하지 않는다.**

# 작은 여우 잡는 날

JULY

아내는 담배 냄새를 무척 싫어한다.
그런데 갑자기 우리 집 욕실에서 담배 냄새가 나기 시작했다.
화장실 환풍구를 통해 들어오는 담배 냄새를
아침마다 맡아야 하니 고역이었다.
나는 화장실 냄새 제거에 관하여 인터넷으로 공부했다.
환풍기의 종류를 새로운 제품으로 바꾸고
전동 댐퍼를 설치했다. 담배 냄새가 없어졌다.
아내는 고맙다고 여러 번 말했다.
내가 담배 냄새를 잡은 날,
작은 여우 한 마리를 잡았다.

〈하나님 부부로 살아가기〉

● 오늘의 할 일
아내가 반복해서 도움을 청했던 일을
오늘 해결한다.

날마다 행복한 우리집 365

# 남편의 장점과
# 강점에 주목하라

누구든지 장점과 강점이 있다.

그것은 조금만 집중하면 돌파가 일어난다.

특히 남자는 자신이 잘한 일을 인정받으면 살아난다.

장점과 강점을 발전시켜서 약점과 단점을 극복한다.

물론 단점과 약점이 없는 사람은 없다.

그것은 누구보다도 본인이 잘 알고 있다.

때로 사람들에게 지적받기도 한다.

그런데 사랑하는 아내에게서까지

단점과 약점을 지적받으면 남편은 더 이상 피할 곳이 없다.

현명한 아내는 남편의 장점과 강점에 주목한다.

〈하나님 부부로 살아가기〉

오늘의 격려

**남편의 장점을 말한다.**

# 가정을 지키는 일

매직타임 15분. 집에 들어오면 먼저 일을 찾는다.
재활용품을 정리하고 음식물과 일반 쓰레기를 내어놓는다.
혹은 욕실과 베란다를 돌아보고, 아이들에게도 가보고,
거실에 나와 있는 물건을 제자리에 넣는다.
간단한 일은 바로 하고,
시간이 필요한 일은 언제 할지 아내에게 이야기한다.
집안을 돌아보는 15분은 내가 가장인 것을 확인하는
소중한 시간이다.
포도원의 울타리를 지키듯, 가정을 지키는 내 일이다.

〈하나님 부부로 살아가기〉

■ 오늘의 질문
**가정을 지키기 위해 무엇을 하고 있나요?**

# 당신이 최고!

"당신 설교 최고야! 짱짱짱!!!"

예배당 뒤에 앉아 내 설교를 듣던 아내가 문자를 보냈다.

내 안에서 환희가 솟았다.

아내는 내게 잘했다는 말을 자주 한다.

그 말들이 나를 살린다.

내가 한 일을 아내에게 인정받으면

기분이 좋고 자신감이 솟는다.

아내는 내게 잘했다는 말을 하기 위해

내가 한 일에 관심을 갖고 칭찬거리를 찾는다.

그런 아내의 사랑이 무척 고맙다.

〈하나님 부부로 살아가기〉

오늘의 적용

**남편을 격려하는 문자 보내기**

# 14
7 JULY

# 엄마는 기도한다

나는 성경을 의지하면서 기도한다.

특히 자녀를 위해 기도할 때는 말씀을 외치면서

하나님께 도움을 요청한다.

구하는 자에게 주신다고 약속하신 하나님을 나는 믿는다.

우리가 기도하면 하나님이 일하신다(마 7:7-8, 21:22).

자녀를 잘 키우고 싶을 때, 나는 믿음으로 기도한다.

내가 성장한 시기와 다른 시대를 살아가는 아이들이다.

내 경험만을 의지할 수 없다.

그래서 기도한다.

〈하나님 아이로 키워라〉

● 오늘의 공부

**자녀를 양육하면서 의지할 성경 말씀 찾기**

# 아내의 말을
# 경청하는 5단계

1. 아내가 말할 때, 내가 하던 일을 멈춘다.

2. 아내를 향해 몸을 돌린다.

3. 아내의 눈을 바라본다.

4. 내가 하고 싶은 말을 생각하지 않고,
   아내가 하는 말을 끝까지 듣는다.

5. 대화 중에 추임새를 넣는다.

〈하나님 부부로 살아가기〉

오늘의 적용
**아내가 말할 때 경청하는 법
5단계 실행하기**

# 엄마는 울보다

엄마들은 아기를 맞이할 기쁨으로 가슴 설레다가,

산통이 닥치면 죽을 듯이 소리치며 운다.

아기를 안고 행복해하다가,

쌕쌕거리는 신생아의 숨소리에 금방 가슴을 졸인다.

아이가 아프면 대신 아파주지 못해서 울고,

태어나게 해서 고통만 준 것 같아 미안해서 운다.

아이가 잘못하면 훈계하다가 엄마가 먼저 울음을 터뜨린다.

필요를 채워주지 못하면 안쓰러워서 울고,

아이가 외로워하면 그 외로움을 껴안고 몰래 눈물을 훔친다.

〈하나님 아이로 키워라〉

● 오늘의 위로

**엄마는 울어도 된다.**
**하나님이 그 눈물을 닦아주신다.**

# 아내에게
# 안정감을 주는 법

앞으로 우리는 어디에서 살게 될까?

우리 아이들을 잘 키울 수 있을까?

우리 부부의 노년은 건강할 수 있을까?

남자가 과거에 자기가 한 일을 인정받고 싶어 하는 것처럼

여자들은 미래에 자기가 할 일에 대하여 안정감이 필요하다.

아내에게 안정감을 주는 방법은 어렵지 않다.

우선 아내의 걱정거리를 끝까지 들어준다.

그다음 아내와 대화를 마치고 함께 기도한다.

마지막으로 아내를 꼭 안아주면 된다.

〈하나님 부부로 살아가기〉

오늘의 사랑표현

**아내의 말을 끝까지 듣고 기도하고 꼭 안아준다.**

# 무능력하고 바보 같은
# 엄마는 기도한다

엄마들은 자기의 무능력에 무너질 때도 있다.

자녀를 위해 몸이 부서져라 돈을 벌지만,

폭력을 당한 아이를 위해 아무 힘도 쓰지 못할 때가 있다.

엄마들은 가끔 어리석다.

우리 아이가 문제라는 말 한마디에 흥분하지만,

적절하고 객관적인 시각을 아이에게 깨우쳐주지 못하기도 한다.

어떤 엄마는 자신이 바보라고 말한다.

사랑한다고 아이에게 백 번은 말했는데도,

함께 있어 달라는 아이의 말뜻을 헤아리지 못했다고 했다.

〈하나님 아이로 키워라〉

🔲 오늘의 위로

**하나님은 아신다, 엄마의 마음을.**

# 행복한 식탁 대화법

1. 음식을 준비한 사람에게 먼저
   "감사해요. 맛있어요"라고 말한다.
2. 밝고 따뜻한 내용을 대화 주제로 삼는다.
3. 잔소리와 훈계는 절대 하지 않는다.
4. 무슨 말을 하든지 언제나 웃는 얼굴로 말한다.
5. 식사 중에 휴대폰은 사용하지 않는다.

〈하나님 부부로 살아가기〉

오늘의 약속

우리 가족은 식사 중에 휴대폰을 사용하지 않는다.

# 약하고 부족하고
# 무기력한 엄마는 기도한다

엄마들은 사실 약하다.

아이를 위해 맞서 싸울 수는 있어도,

아이를 상처 주는 집단 따돌림을 막지 못한다.

엄마들은 부족한 점도 많다.

맛있는 밥을 위해 정성을 쏟을 수 있지만,

아이가 고심하는 문제를 풀어줄 수는 없다.

소소한 질문에 대답하다가도, 어떤 질문에는 말문이 막힌다.

때로 엄마들은 무기력하다.

아이를 깨끗이 씻겨줄 수 있지만,

온갖 위험한 것들로부터 아이를 지켜주지는 못한다.

그래서 엄마는 기도해야 한다.

〈하나님 아이로 키워라〉

■ 오늘의 사랑

**엄마 안아주는 날!**

# 아내는 사랑이 필요해

모든 아내에게는 흠과 티와 주름이 있다.
그것을 없애는 약은 바로 남편의 사랑이다.
사랑받는 아내는 티나 주름 잡힌 것이 없어지고
거룩하고 흠이 없게 된다.
예수님은 이 땅에 오셔서 흠과 티가 많고
주름 잡힌 것투성이인 우리를 죽기까지 사랑하셨다.
그 사랑으로 교회는 흠이 지워지고,
티가 씻겼으며 주름이 펴졌다.
그분의 거룩한 신부가 되었다.
이처럼 교회가 예수님의 사랑으로 살듯이
아내도 자기 남편의 사랑이 반드시 필요하다.

〈끝까지 잘 사는 부부〉

오늘의 말씀
에베소서 5장 25-27절을
쓰고 묵상하기

# 10
## 7 JULY

# 기도하는 가정을
# 하나님은 돌보아주신다

나는 아이들이 아플 때 가장 간절히 기도했다.

기도의 응답은 여러 가지 방법으로 왔다.

곧바로 열이 내린 경우도 있고,

응급실로 달려가라는 마음을 받기도 했다.

병원에는 천천히 가도 된다는 마음을 받기도 했고,

집에서 쉬면 된다는 응답도 받았다.

하나님은 가장 최선의 방법으로 인도하셨다.

기도로 하나님의 응답을 경험하지 못했다면

나는 엄마의 역할을 잘하지 못했을 것이다.

〈하나님 아이로 키워라〉

● 오늘의 나눔

**자녀가 아파서 간절하게 기도한 일을
자녀에게 알려주기**

# 21
**6 JUNE**

# 아내는 도움이 필요해

나는 길 찾는 것이 어렵다.

열 번 다닌 길도 처음 본 듯 낯설다.

결혼하기 전, 그가 서울에 왔다. 함께 갈 곳을 내가 정했다.

동네 근처까지 갔다.

그런데 정확한 장소를 찾지 못해 골목을 헤맸다.

몇 번 와본 적이 있다고 했던 내 말이 무색했다.

손에서 땀이 났다. 그날 그는 다짐했다고 한다.

'길을 못 찾는 이 사람과 꼭 결혼해야지.

내가 길을 찾아줘야지.'

나는 지금도 여전히 길치이지만 불안하지 않다.

길 찾는 것을 도와주는 남편이 있으니까.

〈끝까지 잘 사는 부부〉

오늘의 관찰
**어떤 부분을 도울까?**

# 하나님은
# 우리 아이를 돌보신다

아이가 낮밤이 바뀐 것을 기도로 해결해야 한다니
나는 당황했다.
그런데 친정엄마와 통화한 이후
어느 날인가 아들의 낮밤이 제대로 돌아왔다.
이제 괜찮아졌다고 엄마에게 연락했더니
놀라운 말씀을 하셨다.
"네 전화를 받고 그날부터 작정하고 기도했는데,
좋아졌다니 감사하구나."
나는 그때 자녀를 위한 기도를 배웠다.
하나님은 우리 아이를 돌보신다는 믿음을 갖게 되었다.
그 이후에 아이가 아프면 병원에 달려가기보다는 먼저 기도했다.

〈하나님 아이로 키워라〉

● 오늘의 명언
**먼저 기도하라**

# 아내는 확인이 필요해

육아와 가사에 전념하는 아내는
화장도 못 하고 늘어진 티셔츠와 무릎 나온 바지를 입고 산다.
화려하게 꾸민 여자들이 옆을 스치고 지나가면
원인 모를 불안을 느낀다.
더구나 직장의 여자 동료들과 함께 찍은
남편의 사진을 보게 되면 더욱 그렇다.
그럴 때 남편이 분명하고 따뜻하게 사랑을 확인해주면
아내는 살아난다.
아내의 불안을 잠재울 사람은 오직 남편이다.

〈끝까지 잘 사는 부부〉

오늘의 적용

**아내에게 사랑한다고 말하기**

# 자녀 때문에
# 기도를 배웠다

첫아이가 태어나고 한 달이 지날 무렵,

아이의 낮밤이 바뀌었다.

밤중에도 아이가 깨어 있으니 나는 잠을 잘 수가 없었다.

낮에 함께 자면 되지만,

산더미같이 쌓이는 일은 어쩔 것인가.

결국 나까지 비몽사몽 밤낮을 분간하지 못했다.

지친 마음으로 친정어머니께 전화했다.

특별한 비결을 기대한 것은 아니었는데

어머니는 쉽고 분명하게 비법을 알려주셨다.

"모든 일은 기도로 해결해라!"

〈하나님 아이로 키워라〉

■ 오늘의 실천

**자녀를 위해 기도하고
응답받은 일을 자녀에게 말해주기**

# 아내도 칭찬이 필요해

힘든 가사 일을 당연하게 여기며
아무도 격려해주지 않을 때 아내는 힘이 빠진다.
다른 사람 앞에서 남편이 함부로 대하거나
면박을 주면 아내는 무너진다.
아무리 평소에 잘해줘도 그 한 번으로 아내 마음은 금이 간다.
그러나 아내를 더 연약한 그릇으로 알고
소중하게 대하면 아내는 없던 힘도 만든다.
감사와 격려의 작은 말에 큰 힘을 낸다.
특히 자녀와 시댁 식구들 앞에서 남편의 칭찬을 듣는 아내는
언제나 활기가 넘친다.

〈끝까지 잘 사는 부부〉

오늘의 칭찬
**가족 앞에서 아내를 세워주기**

# 부족한 부모는 기도한다

부모는 완전하지 않다.

부모가 되는 법을 배우지 못하고 아이를 낳았다.

또 배운다고 잘되는 것도 아니다.

인간의 이론과 수고만으로는 결코 부모의 역할을

다할 수 없다.

그래서 하나님 아버지가 필요하다.

온전하고 완전하신 그분의 도움이 반드시 필요하다.

그래서 부모는 기도한다.

그때마다 하나님은 기도를 들으시고

성경의 원리를 가르쳐주신다.

부모를 도와주시고 자녀를 지켜주신다(시 127:1).

〈하나님 아이로 키워라〉

● 오늘의 암송

**여호와께서 집을 세우지 아니하시면 세우는 자의 수고가 헛되며**
**여호와께서 성을 지키지 아니하시면 파수꾼의 깨어 있음이 헛되도다**

시 127:1

# 아내는 완전하지 않다

사람들은 왜 예수님께 오는가?

스스로 깨끗해져서 예수님을 도우려고 그분께 온 것이 아니다.

세상에서 해결할 수 없는 온갖 문제를 안고

구원받으러 온 것이다.

결혼한 여자도 마찬가지다.

흠이 없는 사람으로 실력을 갖춰

남편을 도우려고 아내가 된 게 아니다.

남편의 사랑이 필요해서 결혼했다.

따라서 자신이 완전하지 않다는 것을

아내는 늘 인정해야 한다.

아내에게 흠을 발견하면

지극히 당연한 일임을 남편도 알아야 한다.

〈끝까지 잘 사는 부부〉

오늘의 적용

**사랑이 필요한 사람이라고 인정하기**

# 아이들에게 묵상을 나누다 강사가 되었다

나는 아이들이 어렸을 때부터
그날 묵상한 성경과 적용을 나눠주었다.
먹이를 물고 온 어미를 반기는 아기 새처럼
내 입을 주시하던 세 아이의 초롱초롱한 눈빛이 기억난다.
나는 아이들과 함께 묵상을 나누다가
성경을 가르치는 설교자와 강사가 되었다.
이제는 준비한 설교나 강의 내용까지
우리 아이들에게 먼저 나눴다.
세 명의 청중이 보내준 열렬한 지지와 지혜로운 조언에 힘입어
나도 성장했다.

〈하나님 아이로 키워라〉

● 오늘의 의논
**가족이 묵상할 책 정하기**

# 하나님께 감사하라

**25**
**6 JUNE**

세 민족이 연합해서 유다를 침공한 이야기가
역대하 20장에 있다.
유다 왕은 적의 위협에 떨며 주님께 엎드렸다.
그는 하나님의 구원에 대한 약속을 받고
'진군하되 맨 앞줄에 노래하는 사람들을 세우라'는
전략을 세웠다(14-21절).
그들이 찬양을 부르자 복병이 나와서 적을 섬멸했다.
그때 그들이 부른 찬양 가사는 이것이었다.
"여호와께 감사하세 그의 인자하심이 영원하도다"(21절).

〈기도는 죽지 않는다〉

오늘의 연구
**감사기도는 왜 효과적일까?**

# 묵상하고 나누는 즐거움

아이들은 부모와 함께 보내는 모든 시간을 좋아한다.
우리 아이들은 부모와 함께 성경을 읽고
묵상하고 나누는 시간도 좋아했다.
우리가 묵상 말씀을 생활 속에서 실천한 이야기를 들려주면
귀를 기울였다.
나도 아이들이 말씀을 깨닫고
자기의 삶에 적용한 이야기를 들으면 보람 있고 즐거웠다.
아이들이 성경 묵상을 통해
나름대로 하나님을 알아가며
성장하는 모습을 보면서 감사했다.

〈하나님 아이로 키워라〉

● 오늘의 나눔
**부모의 묵상을 나눠보세요.**

# 범사에 감사하라

예) 믿지 않는 남편에 대한 감사

1) 이 사람을 제 남편으로 주셔서 감사합니다.

2) 주일에 교회 밖에서 나를 기다려주고
   운전을 해주어서 감사합니다.

3) 우리 집에서 구역예배 드리는 것을 허용해주어서 감사합니다.

4) 가족을 위해 사회생활의 어려움을 잘 견뎌서 감사합니다.

5) 술 드시는 친정아버지와 대화가 통해서 감사합니다.

6) 담배를 끊기 위해 노력해서 감사합니다.

7) 아이들과 놀아주려고 애써주어 감사합니다.

〈기도는 죽지 않는다〉

오늘의 감사

**믿지 않는 가족에 대한
감사를 쓴다.**

# 시냇가의
# 버드나무같이 될 것이다

우리 자녀가 세상의 어떤 지식보다

성경을 먼저 배워야 한다고 나는 확신했다.

그러나 굳은 신념이 흔들린 때가 있었다.

선행학습을 하는 다른 집 아이들이 눈에 보였고,

지인의 자녀가 조기유학을 떠날 때 흔들렸다.

그래서 하나님 앞으로 나아가서 오래 앉아 있었다.

하나님 얼굴의 빛을 구하며

이사야서 44장 3,4절 말씀을 읽고 기도했다.

그러자 두려움과 불안이 사라졌다.

〈하나님 아이로 키워라〉

■ 오늘의 기도

우리 자녀에게 성령을 부어주소서.
시냇가의 좋은 나무처럼 되게 하소서.

# 묶고 풀며 기도하라

예수님은 천국의 열쇠를 우리에게 주셨다.

사단을 묶고 사람을 푸는 권세가 우리에게 있다(마 16:18,19).

"예수 그리스도의 이름으로 명한다. 떠나가라!"라고

믿음으로 명령하고 대적하면 마귀의 손과 발이 묶인다.

묶여있으니 더 이상 활동할 수 없다.

단순한 명령이지만, 큰 힘이 있다.

예수 그리스도의 이름으로

사단을 묶는 권세를 사용하며 기도하자.

〈기도는 죽지 않는다〉

오늘의 암송

**마귀를 대적하라
그리하면 너희를 피하리라** 약 4:7

# 성경으로 크는 자녀는
## 형통한다

첫째, 성경을 가르치는 것은 자녀를 시냇가에 심는 것과 같다.

철을 따라 열매를 맺고 그 잎사귀는 마르지 않는다.

주님의 말씀을 따라 성장하기에

결국 의인의 삶을 살게 된다(시 1:3).

둘째, 성경을 가르치는 것은

자녀를 하나님의 집에 심는 것과 같다.

하나님의 뜰 안에서 자라면 어려서부터 말씀을 공급받기에

늙어도 여전히 결실하며 진액이 풍족하고

빛이 청청한 삶을 살게 된다(시 92:13,14).

〈하나님 아이로 키워라〉

● 오늘의 암송

그는 시냇가에 심은 나무가 철을 따라 열매를 맺으며 그 잎사귀가
마르지 아니함 같으니 그가 하는 모든 일이 다 형통하리로다 시 1:3

이는 여호와의 집에 심겼음이여
우리 하나님의 뜰 안에서 번성하리로다 시 92:13

# 사단을 대적하라

사단은 사람들이 복음을 듣지 못하도록 줄기차게 일한다.

초대 교회부터 지금까지 그 활동은 여전하다.

사단의 중요한 활동 무대 중 하나는 가정이다.

가족이 복음을 듣지 못하도록 온갖 방법을 사용한다.

서로 미워하며 저주하기를 원한다.

분열시키고 관계를 파괴한다.

가족을 싸움의 대상으로 삼게 해서

자신이 왕 노릇 하기 위해서다.

가족 관계가 회복되면 자신의 땅을 빼앗기기 때문이다.

그러므로 사단에게 속지 말고 사단을 대적해야 한다.

〈기도는 죽지 않는다〉

오늘의 성찰

**가족과 싸우면 안 되는 이유는?**

# 사랑을 가르치는 것이
# 교육의 최우선이다

사람 사이의 관계보다
하나님과 올바른 관계를 맺는 훈련이 더 먼저다.
그러면 사람들과도 좋은 관계를 할 수 있다.
나는 아이들에게 하나님 사랑,
이웃 사랑의 말씀을 계속 읽게 했다.
사랑하며 사는 것이 인간 삶의 핵심이기 때문이다.

주 너의 하나님을 사랑하고
또한 네 이웃을 네 자신같이 사랑하라 하였나이다
예수께서 이르시되 네 대답이 옳도다
이를 행하라 그러면 살리라 눅 10:27,28

〈하나님 아이로 키워라〉

● 오늘의 대화
**하나님을 사랑하고
이웃을 사랑하는 방법은 무엇인가?**

# 관계를 지키는 법

자녀는 부모에 대한 원망과 상처가 있다.
부모는 자녀에 대한 염려와 걱정과 화가 있다.
이런 부모 자녀 사이의 갈등은 서로를 지치게 하고
멀어지게 만든다. 때로 관계를 단절시킨다.
이럴 때 가족 관계를 지키는 방법은
자신의 마음과 생각을 지키는 것이다.
부모에 대한 원망과 상처가 떠오를 때,
자녀를 향한 염려와 걱정과 화가 차오를 때면
이렇게 명령하자.
"예수 이름으로 명령한다.
마귀야, 내 마음과 생각에서 떠나가라!"

〈기도는 죽지 않는다〉

오늘의 실천
**가족을 향한 좋지 않은 생각과 마음을 없앤다.**

# 하나님은 자녀를
# 부모에게 맡기셨다

큰아이가 학교에 다니다 보니

성경을 배울 시간이 턱없이 부족했다.

이 일을 어찌할 줄 몰라 고민하고 기도했다.

하나님이 누구에게 자녀를 맡겼는가.

국가나 학교가 아닌 부모가 아닌가.

나는 자녀양육이 나의 사명임을 깨달았다.

특히 자녀의 영적훈련은 부모의 책임이다.

교회학교 교사보다 부모에게 더 책임이 있다.

그래서 나는 아이들과 함께 성경을 읽기 시작했다.

〈하나님 아이로 키워라〉

● 오늘의 영성

**자녀들과 성경 읽기**
**가족의 성경 1독 계획을 세워보세요.**

# 30

# 부모를 위한 기도

하나님 아버지,

부모님을 주신 주님께 감사드리며 주님을 찬양합니다.

그동안 부모님을 공경하지 못한 저의 죄를 회개합니다.

어리석고 무지한 저를 용서해주소서.

'그는 늙어도 여전히 결실하며

진액이 풍족하고 빛이 청청하니'라는

시편 92편 14절 말씀을 소망합니다.

부모님이 이렇게 사는 것을 보게 해주옵소서.

남은 생도 종려나무같이 번성하는 복을 주소서.

보람 있게 사는 기쁨을 주소서.

예수님 이름으로 부모님을 축복하며 기도합니다. 아멘.

〈기도는 죽지 않는다〉

날마다 행복한
## 우리집
365

# 7

JULY

좋은가정TV

홍장빈 · 박현숙

저자 홍장빈 · 박현숙은 성경적인 복된 가정을 세우고자 힘쓰는 부부 가정사역자다.

홍장빈은 행복한 결혼생활의 동력은 '하나님과 동행하는 삶'이라 믿으며, 좋은 남편과 아빠가 되기 위해 기도하며 노력했다. 박현숙은 세 자녀를 홈스쿨로 양육하며 남편과 함께 결혼과 가정, 자녀양육 강의로 수많은 선교 현장과 교회를 섬겼다. 그들에게도 오랜 세월 기도해야 했던 가족이 있었고, 소망의 그림을 그리며 신실하게 기도한 끝에 가족의 구원과 가정의 회복을 보았다. 이러한 삶을 통해 얻은 열매를 설교와 강의, 방송과 책으로 나누며 많은 사람을 돕고 있다.

두 사람은 현재 YWAM 국제대학사역과 '뷰티풀워십' 어드바이저로 사역하고 있으며, '패밀리타임 네트워크' 대표로 섬기면서 유튜브 〈좋은 가정TV〉채널을 운영하고 있다. 저서로 《하나님 아이로 키워라》 《하나님 부부로 살아가기》 《끝까지 잘 사는 부부》 《기도는 죽지 않는다》(이상 규장)가 있다.

홈페이지 familytime.kr

표지·본문 일러스트 / **박연숙**

홍장빈 · 박현숙의《날마다 행복한 우리집 365》는 가정사역을 하는
저자들의 다음 도서에서 발췌한 내용으로 구성했습니다.

《하나님 아이로 키워라》

《하나님 부부로 살아가기》

《끝까지 잘 사는 부부》

《기도는 죽지 않는다》

매일 이 캘린더북의 내용이 유튜브 강의로 업로드됩니다.
좌측의 QR코드를 통하여 유튜브 〈좋은가정TV〉로 들어가실 수 있습니다.